図と実例でわかる!

税理士が知っておきたい

シェアリングエコノミーの基本と税務

フリマ　スキルシェア　カーシェア　民泊

公認会計士・税理士
矢冨健太朗
著

第一法規

はじめに

本書は、税理士の方向けにシェアリングエコノミーと税務を取り上げたものです。

2013年に宿泊先を探す人と空き部屋を貸したい人を繋ぐプラットフォーム、Airbnbの日本語版Webサイトが開設され、国内において、徐々にシェアという考えが広がり始めました。また、シェアリングエコノミーの考えを取り入れた国内スタートアップ企業も次々に現れ、2015年12月に、シェアプラットフォーム事業者たちにより一般社団法人シェアリングエコノミー協会が設立されます。一般社団法人シェアリングエコノミー協会を中心に、シェアリングエコノミーの普及啓発が行われ、行政とも連携し、自主的なルールやガイドラインの整備が進められました。

行政に目をやると、2016年6月2日の閣議決定により、シェアリングエコノミーの推進が打ち出され[1]、シェアリングエコノミー検討会議が発足します。

また、2017年5月30日の閣議決定において、「インターネット上のつながりの深化とともに、豊かさを実現する手段として、いわゆるシェアリングエコノミーに代表されるような、所有から共有へという考え方(各種サービス等におけるインターネット上での相互評価の仕組み等)」[2]に関して、環境整備等の対策を講じていく必要があるとされました。我が国の政策として、シェアリングエコノミーの普及を後押ししていきます。

1『日本再興戦略』改訂2016－第4次産業革命に向けて－（2016年6月2日閣議決定）
2 世界最先端IT国家創造宣言（2017年5月30日閣議決定）

その後、シェアリングエコノミー協会の会員企業数は300社を超え、マクアケ（2019年12月11日）、ランサーズ（2019年12月16日）、スペースマーケット（2019年12月20日）、ビザスク（2020年３月10日）、ココナラ（2021年３月）[3]といった事業者が、証券取引所の審査を経て、東証マザーズ市場への上場を果たします。

2021年６月から７月にかけて実施された、国内シェアリングエコノミーに関する意識調査2021[4]では、シェアリングエコノミーの認知度は27.0%となり、４人に１人が認知する状況となっています[5]。また、シェアリングエコノミーの定義やサービスのカテゴリーを説明した上で、改めて認知を聞くと、全体の49.9%がいずれかのサービスを知っていると回答しています。シェアリングエコノミーという言葉自体よりも、そのコンセプトやサービスの認知が高い状況にあり、もはやシェアリングエコノミーという総称は必要ない程度に認知が広まってきたとも捉えられます。

このような環境の下、近年、シェアリングエコノミーと税務に焦点が当たっています。多くの個人が、シェアサービス提供者としてシェアリングエコノミーへ参加しています。シェアサービスの提供の対価として、個人が受け取る報酬は、課税所得を構成し、原則として所得税の確定申告を要します。また、シェアリングエコノミー以外でも、暗号資産取引やFX取引、ネットオークションでの販売、アフィリエイトなど、個人がインターネットを通じて行う取引から収入を得る機会が増えており、同様に確定申告の対象となる所得を得ている個人が増加しています。国

---

3 年月は上場日を示します。
4 PwCコンサルティング合同会社「国内シェアリングエコノミーに関する意識調査2021」2021https://www.pwc.com/jp/ja/knowledge/thoughtleadership/sharing-economy2109.html
5「あなたはシェアリングエコノミーを知っていますか」という質問に対して、「具体的にどのようなものか知っている」「聞いたことはある程度」と回答した人が27.0%

税庁は、インターネットを通じて行われるこれらの新経済分野の取引に注目し、適正課税に向けた取組みを強化しています。

本書では、シェアサービスの提供ユーザー、購入ユーザー、プラットフォーマーの観点から幅広く税の論点を取り扱っています。特にシェアサービスの提供ユーザーの所得税について、税理士にとっては初歩的と思える内容も含めて解説を行っています。課税当局の注目が集まる中、税理士の皆様に、確定申告に不慣れと思われる個人の方々をご支援いただきたいという想いを込めています。

本書がシェアリングエコノミーの更なる普及・発展に向け、税務の観点からの一助となれば幸いです。

令和４年４月

一般社団法人シェアリングエコノミー協会 税制委員

公認会計士・税理士　矢冨健太朗

凡　例

本書では、本文中では原則として正式名称を用い、かっこ内において、以下の略称を用いています。

例えば、消費税法第２条第１項第８号は、（消法２①八）と記述しています。

略称	正式名称
法基通	法人税基本通達
所法	所得税法
所令	所得税法施行令
所規	所得税法施行規則
所基通	所得税基本通達
消法	消費税法
消基通	消費税法基本通達
国通法	国税通則法

目次

第3章　税務上の留意点

第４章　シェアリングエコノミーと税をめぐる最新動向

・本書に記載している製品は、各社の登録商標です。本文中には®マークは記載していません。
・各社が提供する商品やサービス情報については、各ホームページ等でご確認ください。
・本書の内容は令和４年４月現在です。

第1章

シェアリングエコノミーの概要

SHARING
ECONOMY

1　シェアリングエコノミーとは

シェアリングエコノミーに関する固定的な定義はありませんが、総務省の情報通信白書によると、シェアリングエコノミーとは、個人等が保有する活用可能な資産等を、インターネット上のマッチングプラットフォームを介して他の個人等も利用可能とする経済活性化活動とされています[1]。ここでの活用可能な資産等の中には、スキルや時間等の無形のものも含まれます。

シェアリングエコノミーという言葉を日本語に訳すと、共有経済です。あるものを皆とシェア（共有）する行為は、古くからありますが、近年のインターネットの技術発展の恩恵などを受け、シェア（共有）という行為が注目され、経済行為としても新たな潮流が生まれています。

シェアリングエコノミーを理解する手がかりとして、(1) 遊休資産の活用、(2) 個人間取引（CtoC取引）、(3) プラットフォーム、(4) インターネットの利用といった特徴が挙げられます。以下、これらの特徴について簡単に見ていきます。

（1）遊休資産の活用

シェアリングエコノミーでは、遊休資産の活用が行われているという特徴があります。

例えば、スペースのシェアがその典型です。スペースマーケット[2]などのサービスプラットフォームを利用することにより、普段使用してい

---

1 総務省 「平成29年版情報通信白書」第1部第2節2 (2)
https://www.soumu.go.jp/johotsusintokei/whitepaper/ja/h29/html/nc112220.html
2 スペースマーケット　https://www.spacemarket.com/

ない場所を貸し出すことができます。一般住宅、会議室、イベントスペースなどを時間単位で貸し出すことにより遊休資産の有効活用に繋がります。シェアに供されるスペースの多くは、貸し出しを目的として所有しているものではなく、居住用など本来は別の目的で保有されています。シェアリングエコノミーには、今、持っているものをシェアで有効活用するといった側面があります。

また、シェアリングエコノミーを利用した遊休資産の活用は、スペースなどの有形のものに限らず、スキルのような無形のものも含まれます。

例えば、ココナラ[3]などのサービスプラットフォームを利用することにより、提供者自らが自由に設計したスキル・サービスをシェアすることができます。本業の延長で、副業としてサービスを提供するといったことが行われています。ここでは、Webデザインや動画制作といった無形のものがシェアにより有効活用されています。

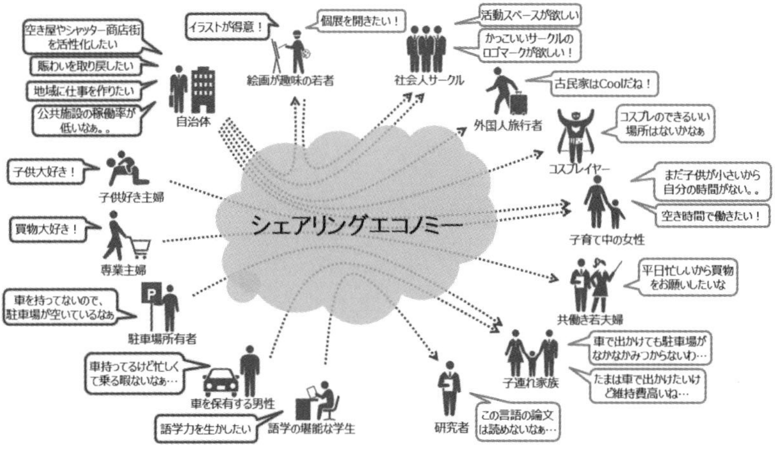

（出典：シェアリングエコノミー促進室HP「シェアリングエコノミーとは」）

---

3 ココナラ　https://coconala.com

(2) 個人間取引（CtoC取引）

シェアリングエコノミーは、Peer to Peer（「P2P」と略されることもあります。以下「ピア・ツー・ピア」といいます。）の取引であると言われることがあります。ピア・ツー・ピアとは、不特定多数のコンピューターが、サーバーを介さずに直接データのやり取りをする方式やソフトウェアのことを指します[4]。

シェアリングエコノミーでは、ある個人と別の個人が自発的に繋がり、取引を行う特徴があります。このような状況を捉えてピア・ツー・ピアの取引であるといった言われ方をします。ピア・ツー・ピア取引と同様の意味で、CtoC取引という言葉が使われることもあります。

CtoCとは、Customer to Customerの略ですが、ここでは個人と個人の取引と理解していただいて差し支えありません。従来的なビジネスの型において、提供者は事業者であり、多くの場合法人（B）です。

そのため、法人間取引（BtoB取引）や法人対個人取引（BtoC）がより一般的でした。こういった従来的な取引形態とシェアリングエコノミーを対比させる文脈で、CtoC取引といった言い方をよくします。

CtoC取引は、提供者と利用者の垣根が低いというのが特徴です。ある場面では提供者であり、別の場面では利用者となることがあります。また、複数の場面で提供者となることもあります。

例えば、Aさんが普段利用していない自家用車をシェアサービスでBさんに貸し出すことがあるかもしれません。別の場面で、Aさんは、シェアサービスを利用してCさんの自宅を間借りして宿泊するかもしれません。さらにAさんは、逆にシェアサービスを利用して、Dさんに自宅を

---

4 デジタル大辞泉「Peer to Peer」

貸し出すこともあるかもしれません。

シェアリングエコノミーは、CtoC取引を内包する結果、提供者と利用者の自由な往来を可能とし、取引の広がりを見せます。

COLUMN　多種多様なビジネスモデル

前述の通りシェアリングエコノミーはCtoC取引という特徴を有していますが、取引がCtoCに限定される訳ではありません。この点について、スキルシェアを例に考えてみます。例えば、法人ユーザーとして、名刺デザインやイラスト作成などを個人ユーザー向けに提供しているようなケースです。この場合、BtoC取引となります。中には、当初は個人としてシェアサービスを提供していたユーザーが、活動がうまくいき、法人成りするようなケースもあるようです。

また、法人が購入者となるサービスもあります。例えば、Webプログラミングを依頼したいと考えている購入ユーザーが、法人であるようなケースです。この場合、個人のプログラマーへ依頼する場合は、CtoB取引となり、Webプログラミング会社等へ依頼する場合、BtoB取引となります。

このように、シェアリングエコノミーでは、CtoC取引という特徴があるとともに、BtoC取引、CtoB取引、BtoB取引が混在する点も特筆されます。なお、提供ユーザーと購入ユーザーの組み合わせが混在することにより、税務の観点からは主に報酬の源泉徴収に留意が必要となります。

(3) プラットフォーム

シェアリングエコノミーでは、シェアのためのプラットフォームが重要な役割を果たします。プラットフォームは、取引の場であり、プラットフォームを提供する企業のことを、プラットフォーム事業者やプラットフォーマーと呼びます。

シェアリングエコノミーでは、提供したい人と利用したい人を繋ぐ必要があります。もしプラットフォーム事業者がいなければ、知り合いの間のみの取引に限定されてしまい、近隣同士での貸し借りと同じような世界に留まってしまいます。

一方、プラットフォーム事業者からシェアプラットフォームが提供されることにより、知り合いの垣根を越えた幅広い取引が可能となります。

(4) インターネットの利用

シェアリングエコノミーは、インターネット環境なしには成立しないと言っても過言ではありません。このことは、不特定のシェアを提供したい人と利用したい人とをインターネットを利用せずに取り次ぐ方法を考えてみるとよいかもしれません。シェアプラットフォームを、インターネットの外で構築することは困難です。そのためインターネットを利用したプラットフォームは今日では、最も効果的で効率的であると言えます。

シェアのためのプラットフォームは、インターネット上のWebサイトやスマートフォンのアプリとして構築され、シェアを提供したい人やシェアを利用したい人のユーザー登録、シェアを提供したい人のサービス等の出品、シェアを利用したい人のシェアサービスの購入、提供者と利用者が直接コミュニケーションを取る手段、サービス代金の決済など様々な機能を有しています。プラットフォーム事業者は、インターネットを介してビジネスを展開していく中で、その基盤（プラットフォーム）を提供するIT企業としての性格も有しています。

2　普及・発展の背景

シェアリングエコノミーの普及・発展の要因は、複合的な要素が絡み合っていると考えられます。ここでは、普及・発展の背景として、所有から共有への考え方の変化、インターネット技術の発達、信用の蓄積・可視化といった観点から見ていきます。

(1) 所有から共有へ

かつては、多くのお金を稼ぎ、ものを所有・消費することは人々の憧れであり、成功の証でもありました。日本においても高度経済成長期に代表される好景気の時代に、こういった考え方や習慣が浸透してきました。

一方で、経済は発展・成熟し、また様々な変化が起こります。例えばバブル崩壊やリーマンショックなどの不景気を経験し、人々は多くのお金を稼ぎ、多くのものを所有・消費するスタイルを維持することが難しくなりました。また、働き方改革などにより、がむしゃらに働きお金を稼ぐ価値観にも変化が見られます。地球温暖化問題等の環境問題は、大量生産大量消費のスタイルそのものに警鐘を鳴らしています。このような状況の下、従来は肯定的に考えられてきた所有の考え方が見直され、共有という考え方が徐々に注目されるようになりました。

身近な例では、東京都の世田谷区での粗大ごみの捨て方をインターネットで調べると、捨てる前にリユースを検討することを促すメッセージが表示されます。世田谷区では、コロナ環境下で、家庭から排出されるごみの量が増加しており、特に、粗大ごみ収集の申込件数の増加が顕著になっています。

一方で、排出される粗大ごみの中には、新品もしくはそれに近い状態で使用可能なものが排出されている現状があるとされています。ごみの減量及び収集運搬経費削減等の効果を検証するため、株式会社ジモティーとの連携により、まだ他の人に譲ることができるものを粗大ごみとして廃棄する前に、リユース品として持ち込める「世田谷区不要品持ち込みスポット」を設置し、粗大ごみのリユースを促進させる仕組みを運営しています[5]。

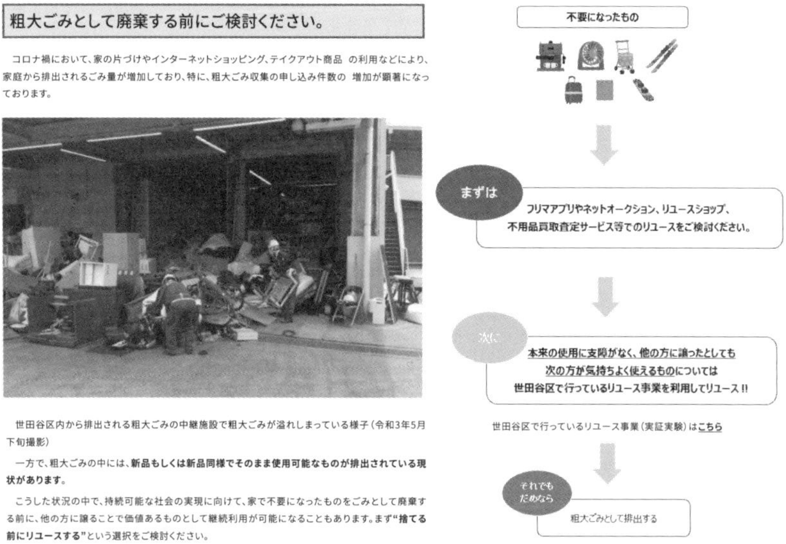
粗大ごみとして廃棄する前にご検討ください。

コロナ禍において、家の片づけやインターネットショッピング、テイクアウト商品 の利用などにより、家庭から排出されるごみ量が増加しており、特に、粗大ごみ収集の申し込み件数の 増加が顕著になっております。

世田谷区内から排出される粗大ごみの中継施設で粗大ごみが溢れしまっている様子（令和3年5月下旬撮影）

一方で、粗大ごみの中には、**新品もしくは新品同様でそのまま使用可能なものが排出されている現状があります。**

こうした状況の中で、持続可能な社会の実現に向けて、家で不要になったものをごみとして廃棄する前に、他の方に譲ることで価値あるものとして継続利用が可能になることもあります。まず**“捨てる前にリユースする”**という選択をご検討ください。

不要になったもの

まずは
フリマアプリやネットオークション、リユースショップ、
不用品買取査定サービス等でのリユースをご検討ください。

次に
本来の使用に支障がなく、他の方に譲ったとしても
次の方が気持ちよく使えるものについては
世田谷区で行っているリユース事業を利用してリユース!!

世田谷区で行っているリユース事業（実証実験）はこちら

それでも
だめなら
粗大ごみとして排出する

（出典：世田谷区「粗大ごみの出し方」より一部抜粋）

株式会社ジモティーは、「地域の今を可視化して、人と人の未来をつなぐ」を経営理念に、地域情報サイト「ジモティー」[6]を運営している企業です。ジモティーを利用すると、個人間での不用品の譲渡などを行

5 世田谷区「粗大ごみのリユースを促進するための実証実験を実施します」
https://www.city.setagaya.lg.jp/mokuji/kurashi/004/010/d00193583.html
6 ジモティー　https://jmty.jp/

うことが可能で、シェアリングエコノミーの文脈において、シェアプラットフォームの１つと考えることができます。

株式会社ジモティーのニュースリリースによると、2021年10月１日から開始した「世田谷区不要品持ち込みスポット」は、開始後１か月で、700人以上の人が約2,600品の不要品を持ち込み、持ち込まれた不要品のうち約90％にあたる約2,400品のリユースが実現したとされています[7]。

ジモティーは全国の自治体との連携を強化し、不用品のシェアを進めています。

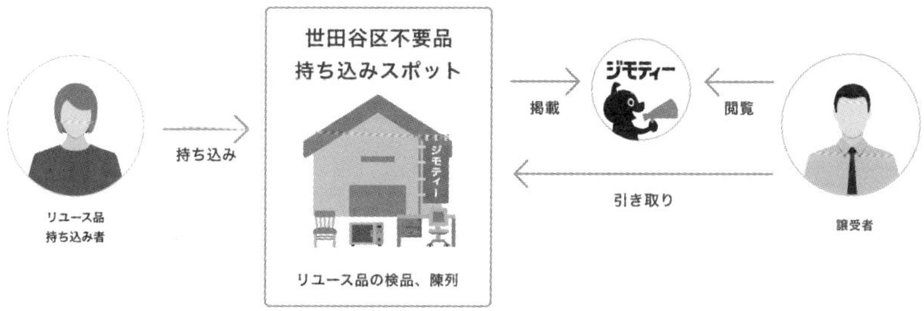

(2) インターネット技術の発達

前述の通り、シェアリングエコノミーとインターネット技術は切り外すことができない関係です。インターネット上のプラットフォームを利用することにより、個人間で取引を行うことに対するコストが低下し、誰でも気軽にシェアを提供・利用し合う環境が整いました。特にスマートフォンやタブレット端末の普及もあり、シェアサービスを利用する場所や時間の制約が緩和されました。

7 株式会社ジモティー　ニュースリリース「世田谷区と共同運営する官民連携のリユース拠点で持ち込まれた不要品の約90％をリユース」
https://jmty.co.jp/archives/19189/news_release/

また､インターネットやスマートフォン､タブレット端末の普及に伴ってSNS（ソーシャルネットワーキングサービス）の利用が一般化します。SNSの一般化により、個人と個人がインターネット上で繋がることがより身近になりました。このような環境が、個人間取引（CtoC取引）を特徴に持つシェアリングエコノミーの普及の一因になっていると考えられます。

(3) 信用の蓄積・可視化

シェアリングエコノミーでは、見ず知らずの人同士が繋がり取引を行います。自分が取引しようとするサービスや相手が信用に足るものであるかを確認できることが、シェアリングエコノミーの普及にとって非常に重要な点となります。インターネットを利用したプラットフォームでは､取引に関わる様々なデータを蓄積することが可能です。これらのデータを、取引の信頼性向上に利用することができます。

そのため、プラットフォーム上での取引が増えれば増えるほど、より安心した取引環境が充実していくとも言え、インターネット上のプラットフォームを利用していることから可能になる信用の蓄積・可視化が、普及の背景になっているとも考えられます。

信用の蓄積･可視化をする最も典型的な方法としては､サービスのレーティングがあります。例えば、シェアサービスに限らずインターネット上の様々なサービスにおいて、利用者が、サービス内容や満足度を５段階などの点数で評価し、評価結果の蓄積データを購入検討時の参考にするといったことがよくあります。

また、サービス内容に関するコメントをつけ、レビューコメントを参考にすることもよくあります。あるいは、サービス提供者の取引実績数自体も信用の蓄積と言えます。サービス提供者の返信の速さといったデータでも、信用の度合いを測ることができるかもしれません。

最近では、提供者のみならず利用者を提供者がレビューし、レビュー情報を蓄積することにより、提供者が安心してサービスを提供できる利用者であるかを確認できる取組みも見られます。

3 ｜ シェアサービスの種類

シェアサービスは、シェアの種類により、一般に（1）モノ、(2）スペース、(3）移動、(4）スキル、(5）お金といった分類に区分されます。一般社団法人シェアリングエコノミー協会から公表されているシェアリングエコノミー領域Mapでも、このような分類でサービスが示されています。以下、それぞれの分類ごとにシェアサービスを見ていきます。

(出典：一般社団法人シェアリングエコノミー協会「シェアリングエコノミー領域Mapを刷新しました (2022年1月)」)

(1) モノのシェア

モノのシェアには、いわゆるフリマアプリなどでモノを売買するサービスがあります。モノの売買を通じて、日用品や不用品などを個人間でシェアするという文脈でシェアサービスと位置付けられます。例えば、メルカリ[8]、ラクマ[9]といったプラットフォームが挙げられます。

また、ブランドバッグや洋服などのモノをレンタルするサービスがあります。モノのレンタルを通じて、個人間でバックや洋服をシェアする文脈でシェアサービスと位置付けられます。例えば、ブランドバックのレンタルサービスのラクサス[10]、洋服のレンタルサービスのairCloset(エアークローゼット)[11]といったプラットフォームが挙げられます。

(2) スペースのシェア

スペースのシェアには、住宅（戸建住宅やマンションなどの共同住宅等）を活用して旅行者等に宿泊を提供するサービスがあります。このようなサービスは、一般に民泊と呼ばれます。

民泊は、訪日外国人観光客の多様な宿泊ニーズへの対応や、少子高齢化社会を背景に増加している空き家の有効活用といった地域活性化の観点から、近年、活用が進んでいます[12]。

サンフランシスコに拠点を置く民泊プラットフォームのAirbnb（エアビーアンドビー）[13]は、世界中のほぼ全ての国と地域にわたる都市で事業展開をしています。宿泊施設を運営する400万人のホストが、これまで10億人を超えるゲストを迎えており、日本でも民泊普及に貢献しています。

---

8 メルカリ　https://jp.mercari.com/
9 ラクマ　https://fril.jp/
10 ラクサス　https://laxus.co/
11 airCloset　https://www.air－closet.com/
12 Minpaku 民泊制度ポータルサイト
https://www.mlit.go.jp/kankocho/minpaku/overview/minpaku/index.html
13 Airbnb　https://www.airbnb.jp/

一方で、民泊は、国土交通省のWebサイトによると、感染症まん延防止等の公衆衛生の確保や、地域住民等とのトラブル防止に留意したルールづくりはもとより、旅館業法の許可が必要な旅館業に該当するにもかかわらず、無許可で実施されているものもあるなどの観点からその対応の必要性が生じ、一定のルールの下、健全な民泊サービスの普及を図るため、平成29年６月に住宅宿泊事業法（平成29年法律第65号）が成立する運びとなったとされています。

現在、民泊は、住宅宿泊事業法に基づく届け出を行うなどのルールに則って運用が行われています[14]。

その他のスペースのシェアとして、駐車場、会議室、イベントスペースなど宿泊サービスを伴わない場所の貸し出しを行うサービスがあります。例えば、駐車場予約のakippa（アキッパ）[15]、空きスペースをシェアするスペースマーケット[16]、貸会議室のSpacee（スペイシー）[17]といったプラットフォームが挙げられます。

また、近年、多拠点生活という考え方が浸透し始めています。例えば、ADDress（アドレス）[18]は、月額4.4万円の定額（電気、ガス、水道代、インターネット回線料金を含みます。）で、全国のADDressの家に滞在できるサービスを提供しています。契約者と同伴であれば、二親等、固定パートナーの１名まで利用でき、文字通り多拠点での生活を可能にするプラットフォームです。

14 前掲注12に同じ
15 akippa　https://www.akippa.com/
16 スペースマーケット　https://www.spacemarket.com/
17 Spacee　https://www.spacee.jp/
18 ADDress　https://address.love/

(3) 移動のシェア

移動のシェアの代表例として、カーシェアやサイクルシェアといった移動手段（用具）をシェアするサービスがあります。カーシェアは個人や法人が所有する自動車を利用者とシェアするサービスです。例えば、Anyca（エニカ）[19]といったプラットフォームが挙げられます。サイクルシェアは、事業者が所有する自転車を各地に配置し、利用者とシェアするサービスです。利用者は所定のルールに則って自転車を自由に使用することができます。サイクルシェアには、例えばドコモ・バイクシェア[20]といったプラットフォームがあります。

また、海外には、いわゆるライドシェアといった、移動そのものをシェアするサービスがあります。ライドシェアは、移動したい人とドライバーをマッチングするサービスで、端的に言えば、目的地まで自動車で運んでもらうサービスです。例えば、Uber（ウーバー）社が提供する「UberX」といったプラットフォームが知られています。なお、日本ではタクシーやハイヤーと乗客をマッチングさせるサービス[21]を提供しています。

その他、料理のデリバリーや買い物代行などのサービスもあります。料理のデリバリーは、料理を提供する飲食店、料理を自宅などへ運んで欲しい注文者、宅配人の三者をマッチングするサービスです。例えば、Uber Eats（ウーバーイーツ）[22]といったプラットフォームがあります。買い物代行サービスは、通常のネットスーパーのように生鮮食料品や日用品を注文すると、買い物代行スタッフが提携のスーパーで買い出しを

---

19 Anyca　https://anyca.net/
20 ドコモ・バイクシェア　https://docomo-cycle.jp
21 Uber　https://www.uber.com/jp/ja/?city=tokyo
22 Uber Eats　https://www.ubereats.com/jp

行い、配達スタッフが自宅まで対象品を届けるサービスです。買い物代行サービスでは､買い物代行スタッフや配達スタッフがシェアされます。例えば、twidy（ツイディ）[23]といったプラットフォームがあります。

(4) スキルのシェア

スキルのシェアは、スキルを売買するサービスです。スキルシェアには、主に対面（オフライン）でやり取りを行うものと、非対面（オンライン）でやり取りを行うものがあります。

対面型については、例えば、家事や子育てをサポートするサービスがあります。具体的には、掃除、洗濯、整理収納、料理の作り置きなどを提供するプラットフォームとしてタスカジ[24]があります。また、送迎や託児のシェアが行えるプラットフォームとしてAsMama（アズママ）[25]があります。

非対面型では、主にインターネットを利用して直接対面することなくサービスのやり取りが行われます。デザイン､Webサイトの制作､翻訳､マーケティングといったビジネス向けサービスから、イラスト作成、占い、悩み相談、学習相談といったプライベート向けサービスまで幅広く取引されています。様々なサービスを提供するスキル保有者とサービスを利用したい人がやり取りを行うプラットフォームとして、ココナラ[26]、Lancers（ランサーズ）[27]といったサービスがあります。

23 twidy　https://twidy.jp/ja/
24 タスカジ　https://taskaji.jp
25 AsMama　https://asmama.jp/
26 ココナラ　https://coconala.com
27 Lancers　https://www.lancers.jp/

(5) お金のシェア

お金のシェアは、一般にクラウドファンディングサービスと呼ばれるものを指します。クラウドファンディングとは、「群衆（クラウド）」と「資金調達（ファンディング）」を組み合わせた造語で、インターネットを通して自分の活動や夢を発信することで、想いに共感した人や活動を応援したいと思ってくれる人から資金を募る仕組みです。途上国支援や商品開発、自伝本の制作など幅広いプロジェクトが実施されています[28]。

シェアリングエコノミーは、典型的には個人が保有する遊休資産の活用を行うものですが[29]、クラウドファンディングでは、個人が所有する使用使途が必ずしも明確ではない預金（遊休資産）が活用され、別の個人やプロジェクトなどへ融通されているという文脈で、お金のシェアとして位置付けられています。

クラウドファンディングサービスは、資金調達の方法により購入型、寄附型、投資型などに分類されます。購入型クラウドファンディングは、起案者がクラウドファンディングを通じて資金調達をして事業が実現したとき、その成果である商品やサービスを支援者に提供するものです。いわば、商品やサービスを事前購入してもらう形での資金調達法です。

これに対して寄附型クラウドファンディングとは、起案されたプロジェクトに対して支援者がお金を寄附する仕組みのクラウドファンディングです。そのため、商品やサービスなどのリターンは基本的に発生しません。

---

28 READYFOR 「クラウドファンディングとは」https://readyfor.jp/crowdfunding/
29 総務省 「平成27年版情報通信白書」 第2部第2節1(1)
https://www.soumu.go.jp/johotsusintokei/whitepaper/ja/h27/html/nc242110.html

　また、投資型クラウドファンディングは、出資者等がプロジェクト等に資金を提供し、成功時に利子・分配金等のリターンを得る仕組みや株式投資の形態をとる仕組みのクラウドファンディングです。

　クラウドファンディングプラットフォームとして、CAMPFIRE（キャンプファイヤー）[30]、READYFOR（レディーフォー）[31]、CAMPFIRE Angels（キャンプファイヤーエンジェルズ）[32]といったサービスがあります。

30 CAMPFIRE　https://camp－fire.jp/
31 READYFOR　https://readyfor.jp/
32 CAMPFIRE Angels　https://angels.camp－fire.jp/

4　市場規模

一般社団法人シェアリングエコノミー協会と株式会社情報通信総合研究所の共同調査[34]によると、2021年度の市場規模は、2兆4,198億円とされています。現状のペースで成長する場合、2030年度に市場規模が7兆6,455億円（ドラッグストアと同程度）に拡大し、また新型コロナウイルス感染症による不安、認知度が低い点等の課題が解決した場合、14兆2,799億円（コンビニ売上の1.2倍以上）に拡大するものと予想されています。

分野別にみると、2021年度の市場規模は、2兆4,198億円の中でも、モノのシェアが1兆1,882億円で、全体に占める割合が49.1%と、約半分を占めています。一方で、ベースシナリオでの2030年度市場規模に占めるモノのシェアの割合は、24.4%、課題解決シナリオでも23.4%となっており、モノのシェアの割合に低下が見られます。これは、2020年から2030年にかけて、モノ以外のシェアの成長が著しいことを意味します。

例えば、スペースのシェアは、ベースシナリオにおいて、574.9%の成長、スキルのシェアは、405.7%の成長、移動のシェアは350.5%の成長が見込まれており、課題解決シナリオにおいても大きな成長が見込まれています。市場全体の拡大に、これらの分野が今後大きく寄与することが予想されています。

34 株式会社情報通信研究所「シェアリングエコノミー関連調査2021年度調査結果（市場規模、経済波及効果）」

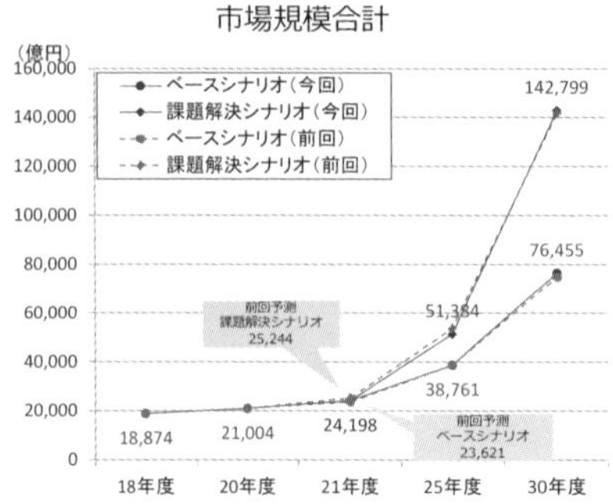

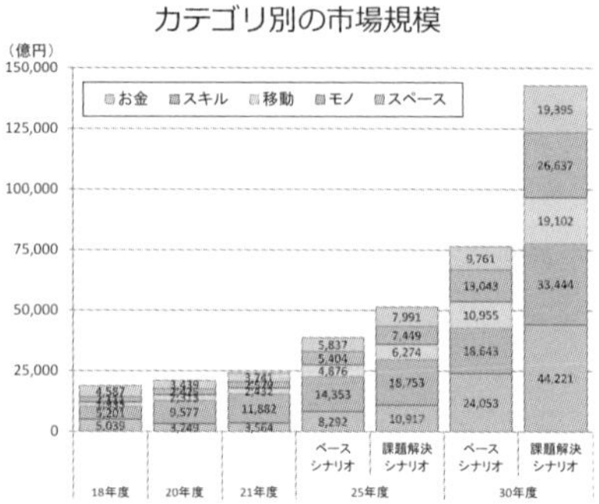

（出典：株式会社情報通信研究所「シェアリングエコノミー関連調査2021年度調査結果（市場規模、経済波及効果）」）

シェアリングエコノミーの市場規模内訳

	2021年度		ベースシナリオ（2030年度）			課題解決シナリオ（2030年度）		
	市場規模	構成比	市場規模	構成比	成長率	市場規模	構成比	成長率
お金	3,741	15.5%	9,761	12.8%	160.9%	19,395	13.6%	418.4%
スキル	2,579	10.7%	13,043	17.1%	405.7%	26,637	18.7%	932.8%
移動	2,432	10.1%	10,955	14.3%	350.5%	19,102	13.4%	685.4%
モノ	11,882	49.1%	18,643	24.4%	56.9%	33,444	23.4%	181.5%
スペース	3,564	14.7%	24,053	31.5%	574.9%	44,221	31.0%	1140.8%
合計	**24,198**	100.0%	**76,455**	100.0%	216.0%	**142,799**	100.0%	490.1%

注：市場規模の単位は億円、成長率は2021年度の市場規模からの成長率で示しています。

（出典：株式会社情報通信研究所「シェアリングエコノミー関連調査2021年度調査結果（市場規模、経済波及効果）」を基に筆者が加工）

また、シェアワーカーの収入から既存産業への経済波及効果は、2021年度で1兆5,743億円、2030年度はベースシナリオで4兆8,813億円、課題解決シナリオで9兆4,236億円とされています。シェアリングエコノミーの成長は、既存産業へもかなり好影響を与えることが示されています。

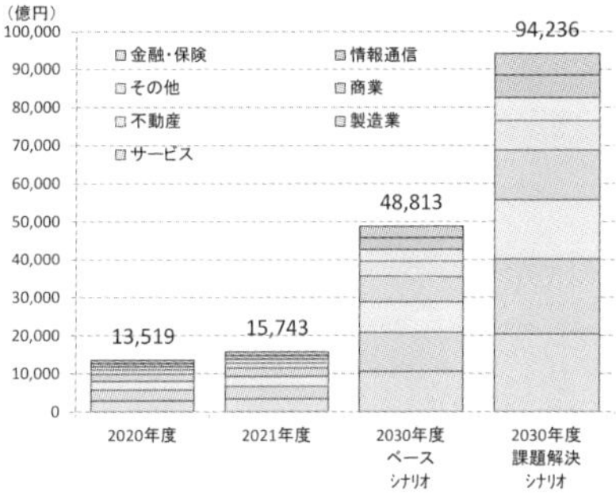

単位：億円

	2020年度	2021年度	2030年度 ベース シナリオ	2030年度 課題解決 シナリオ
サービス	2,924	3,404	10,555	20,387
製造業	2,842	3,310	10,262	19,819
不動産	2,224	2,590	8,031	15,512
商業	1,871	2,179	6,756	13,048
その他	1,115	1,298	4,025	7,732
運輸・郵便	860	1,001	3,104	5,995
情報通信	855	995	3,086	5,960
金融・保険	829	966	2,994	5,783
合計	13,519	15,743	48,813	94,236

※　産業連関分析の手法を用いて算出

（出典：株式会社情報通信研究所「シェアリングエコノミー関連調査2021年度調査結果（市場規模、経済波及効果）」）

このように、市場規模の側面から見てもシェアリングエコノミーは、我が国において非常に大きな可能性を有しており、重要な産業であることが理解できます。

第2章

シェアサービスの取引概要

SHARING
ECONOMY

1　取引仲介型

本章では、取引類型ごとに提供ユーザー、購入ユーザー、プラットフォーマーの三者間で行われる取引の流れについて見ていきます。

シェアリングエコノミーでは、主に提供ユーザー、購入ユーザー、プラットフォーマーの三者が主要な取引主体となります。

シェアサービスの取引類型としては、取引仲介型が最も一般的です。ここでは、提供ユーザーと購入ユーザーが直接取引の当事者となり、プラットフォーマーは取引のマッチングの場を提供し、取引の仲介の機能を提供する取引類型を、取引仲介型と呼ぶことにします。

また、取引仲介型では、プラットフォーマーが、ユーザー間のコミュニケーション手段（主にWeb上でのメッセージのやり取りの手段など）や取引の決済機能を含めた取引の開始から終了までの一連の機能や、ユーザーの評価機能、トラブル時のサポート機能などを包括的に提供します。

(1) 基本的な取引フロー

続いて、取引仲介型の基本的な取引フローを見ていきます。

まず、提供ユーザーはプラットフォーム上にシェアサービスの出品を行い、購入ユーザーは、プラットフォーム上でサービスの購入を行います。この点、購入ユーザーからプラットフォームにサービスの依頼を掲載し、その依頼に対して提供ユーザーがサービス提案を行い、購入ユーザーが購入を行うパターンもあります。

購入成立後、プラットフォーマーは、購入ユーザーへ課金し、取引対価を預かります。その後、提供ユーザーから購入ユーザーへシェアサービスの提供が行われ、提供が完了した後に、プラットフォーマーは、取引対価を提供ユーザーへ渡します。

このような決済方法を、エスクロー決済と呼びます。シェアリングエコノミーでは、見ず知らずの人同士がプラットフォームを通じて取引を行うため、提供ユーザーにとって取引対価が確実に支払われるか懸念が生じます。エスクロー決済を採用することにより、この懸念を払拭することが可能です。

なお、取引完了後にプラットフォーマーが提供ユーザーへ取引対価を支払う際に、取引手数料を差し引きます。この手数料が、プラットフォーマーにとっての売上となります。手数料は、提供ユーザーのみが負担する場合や、提供ユーザーと購入ユーザーの双方が負担する場合など様々です。

基本的な取引フロー

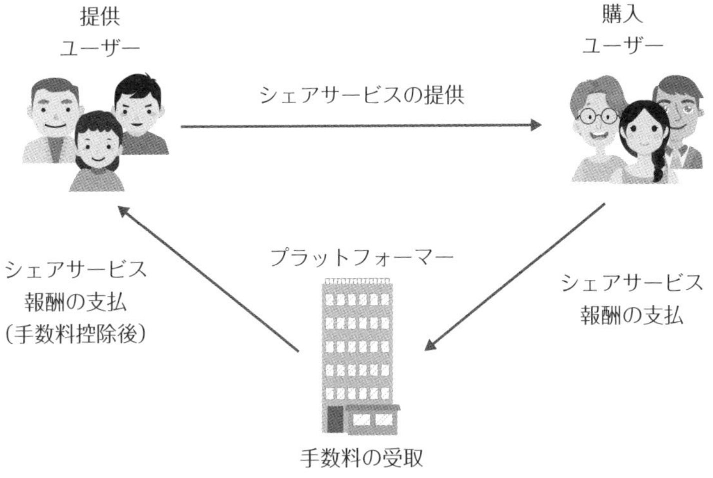

(2) 実際の取引フロー

次にプラットフォーマー、提供ユーザー、購入ユーザーに決済代行会社を含めた四者間の取引フローを見ていきます。

シェアリングエコノミービジネスでは、一般的にクレジットカード会社を含む決済代行会社を利用した決済が行われています。

また、提供ユーザーの取引報酬は、取引完了後、プラットフォーム上に一旦留保され、提供ユーザーの出金手続によって、もしくは一定時点経過後に一括してプラットフォーマーから提供ユーザーの銀行口座に着金する仕組みもあります。そのため、購入ユーザーへの課金と提供ユーザーへの取引報酬の着金タイミングも考慮し、取引の流れを説明していきます。

実際の取引フロー

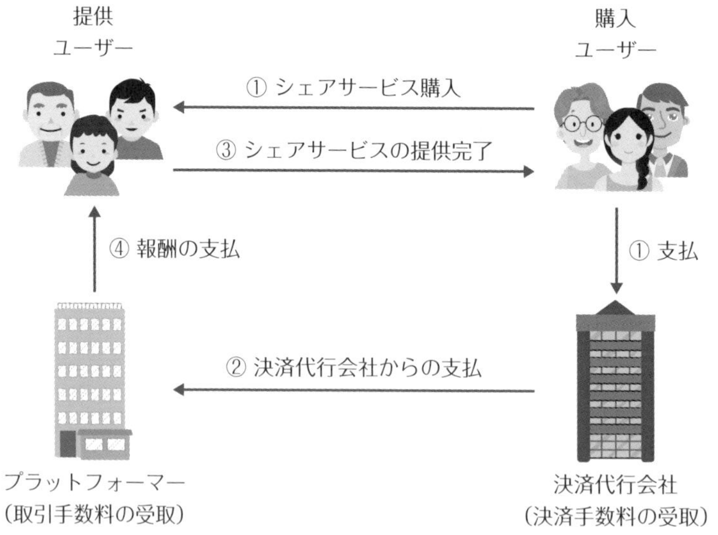

① シェアサービスの購入・支払

購入ユーザーがプラットフォーム上でシェアサービスを購入します。この時点で、クレジットカード決済などで、購入ユーザーは取引代金を課金されます。

なお、支払手段として、銀行振込、デビットカード決済、オンライン電子マネー決済、キャリア決済（携帯電話会社を利用した決済）、QRコード決済などが用意されているプラットフォームもあります。

② 決済代行会社からの支払

①での課金により、決済代行会社はユーザーから購入代金を受け取ります。その後、決済代行会社は受け取った購入代金から決済手数料を控除した残額をプラットフォーマーへ支払います。

ここでの決済手数料は通常、プラットフォーマーの負担となります。

③ シェアサービスの提供完了

提供ユーザーはシェアサービスの提供完了後、取引報酬を得ます。取引報酬はプラットフォーム上に一旦留保されるため、提供ユーザーの視点では、プラットフォーマーに対する売上債権が生じたことになり、プラットフォーマーの視点では、提供ユーザーへの預り金債務が生じていることになります。

ここでの提供ユーザーの売上債権は、取引報酬からプラットフォーマーへの手数料（消費税を含みます。）を控除した金額となります。

④ 報酬の支払

提供ユーザーは、プラットフォーム上で出金手続を行い（もしくは一定期間の経過後）、プラットフォーマーから指定の銀行口座へ取引報酬（上記③で示した手数料と振込手数料がかかる場合は銀行振込手数料控除後）の着金を受けます。

購入からシェアサービス提供完了までに要する期間の長短や、提供ユーザーのプラットフォーム上での出金手続のタイミングは、取引ごとに異なることが想定されます。さらに、決済代行会社からプラットフォーマーへの支払サイトを考慮すると、実際は以下の３つのケースが混在することになると考えられます。

ケースＡ：
①シェアサービス購入・支払➡②決済代行会社からの支払➡③シェアサービスの提供完了➡④報酬の支払

ケースＢ：
①シェアサービス購入・支払➡③シェアサービスの提供完了➡②決済代行会社からの支払➡④報酬の支払

ケースＣ：
①シェアサービス購入・支払➡③シェアサービスの提供完了➡④報酬の支払➡②決済代行会社からの支払

ケースＡは、シェアサービスの購入から提供完了まで比較的時間を要するような場合です。すなわち、シェアサービスの提供が行われている最中に、決済代行会社からプラットフォーマーへの入金までが完了するような状況です。

ケースＢとケースＣは、シェアサービスの購入から提供完了までが、比較的短期な場合で、決済代行会社からプラットフォーマーへの支払サイトよりサービス完了までが短いような状況です。決算代行会社からプラットフォーマーへの支払は、半月ないしは1か月などの締めで一定期間の取引がまとめて実行されます。このサイト内でサービス購入・完了が行われるような場合が該当します。その上で、ケースＢは、提供ユーザーへの報酬支払が、決済代行会社からプラットフォーマーへの支払よりも後に到来するケース、ケースＣは、提供ユーザーへの報酬支払が、決済代行会社からプラットフォーマーへの支払よりも前に到来するケースとなります。提供ユーザーへの報酬の支払が、提供ユーザー自身の出金手続によって実行される場合、提供ユーザーの出金手続のタイミング如何によって、ケースＢとケースＣに分岐することになります。

プラットフォーマーの経理処理の観点からは、決算期末で取引を切った場合、ケースＡ～Ｃそれぞれについて、①～④のそれぞれの時点まで到達している取引が存在することになります。すなわち、以下の取引パターンです。

ケースＡ：①
ケースＡ：①➡②
ケースＡ：①➡②➡③
ケースＡ：①➡②➡③➡④
（ケースＢ：①）
ケースＢ：①➡③
ケースＢ：①➡③➡②
ケースＢ：①➡③➡②➡④
（ケースＣ：①）
（ケースＣ：①➡③）
ケースＣ：①➡③➡④
ケースＣ：①➡③➡④➡②

上記のうちかっこ書部分が経理処理上の重複パターンとなるため、重複を除くと、9パターンが存在することになります。プラットフォーマーの経理処理上は、プラットフォーム上で生じる全ての取引をこのようなパターンで経理処理していくことになるため、一般的な商品販売やサービス提供を行う企業と比較して相対的に複雑な経理処理になっているとも言えます。

2 その他の取引類型

(1) 仕入販売型

プラットフォーマーが提供ユーザーからサービスを仕入れ、購入ユーザーへ販売するような取引類型も存在します（ここでは「仕入販売型」と呼びます。）。

この場合、提供ユーザーは、プラットフォーマーへの販売となり、購入ユーザーはプラットフォーマーからの購入となります。

仕入販売型は、プラットフォーマーがサービス提供者とサービス購入者を繋ぐという点で仲介型とも共通しています。

一方で、取引仲介型ではプラットフォーマーがユーザー間でのサービスのやり取りに対して独立的・中立的であるのに対して、仕入販売型では、プラットフォーマーが提供ユーザーと購入ユーザーの間に入り取引の当事者となる点が大きな相違点です。

そのため、仕入販売型では、購入ユーザーは、プラットフォーマーに直接サービスの依頼や相談を行うことができ、またサービスの提供も、プラットフォーマーの責任において受けることができるのが一般的です。

大規模案件（多くの人的リソースが必要な案件）や複合的な案件（様々な仕事が組み合わさった案件）など、多くのサービス提供者を巻き込む依頼を行いたい場合や、より安心して取引をしたいといった理由からプラットフォーマーと直接契約することを望む場合、利点のある取引形態です。一部のクラウドソーシングサービスにこのような取引類型が見られます。

なお、仕入販売型についても、決済代行会社が含まれるフローが見られます。（詳細は、本章１（2）参照。）

仕入販売型の取引フロー

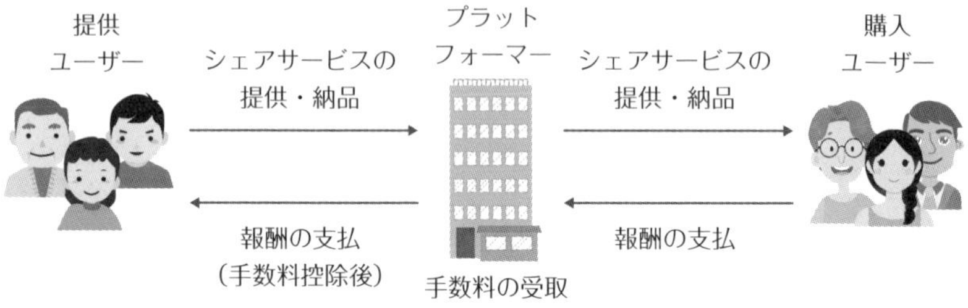

(2) 掲載型

提供ユーザーがプラットフォームへサービスの書き込みを行う場合の掲載料や、マーケティング機能などのオプション機能の利用料などを支払うことで、購入ユーザーとマッチングを行うことができる取引類型もあります（ここでは「掲載型」と呼びます。）。

掲載型では、通常、ユーザー同士のマッチングの機会の提供が、プラットフォーム上での主たる機能となっており、ユーザー間でのサービスの提供、報酬の決済、その他当事者間のコミュニケーションの一部がプラットフォームから独立して行われるといった特徴が見られます。

プラットフォーマーからマッチングの場を提供されている点では取引仲介型とも共通していますが、当事者間の取引がプラットフォームから独立して行われ、プラットフォームはいわばネット上の掲示板のような機能を果たしている点が特筆されます。

一部のスキルシェアサービスにこのような取引類型が見られます。また、第１章で触れたジモティーも、このような取引モデルを含んでいます。ジモティーでは、マーケティング支援等のオプション機能の利用や掲載サイトへの送客などに対して課金が行われています。

なお、掲載型についても、掲載料等の支払に関して決済代行会社が含まれるフローが見られます。（詳細は、本章１（2）参照。）

掲載型の取引フロー

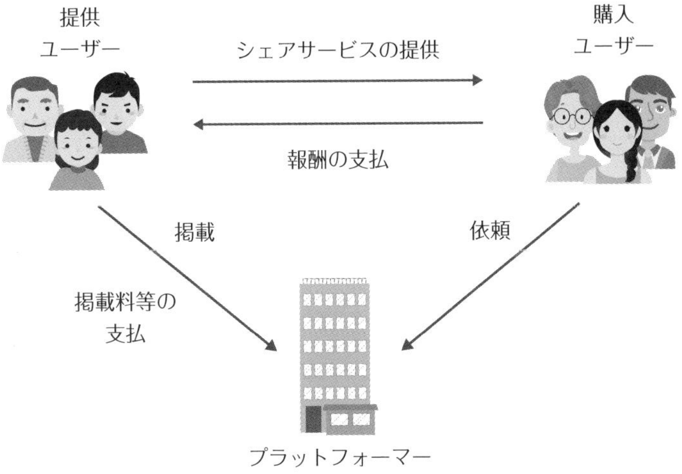

第3章

税務上の留意点

SHARING
ECONOMY

1　取引主体ごとの概要

本章では、シェアリングエコノミーの税務上の留意点について見ていきます。税目ごとの留意点について、取引主体である提供ユーザー、購入ユーザー、プラットフォーマーの三者の視点から解説していきます。

シェアリングエコノミーと税務の各論を見ていく前に、まずは、取引主体ごとに所得税、法人税、消費税等の関連税目を概観していきます。

(1) 提供ユーザー

提供ユーザーが受け取るシェアサービスの報酬は、提供ユーザーにとっての売上となり、所得を構成します。したがって、提供ユーザーが個人の場合、所得税の課税対象となり、提供ユーザーが法人の場合、法人税の課税対象となると考えられます。

次に、消費税についてです。消費税は、国内において事業者が行った資産の譲渡等及び特定の仕入に対して課税されます（消法4①）。ここでいう「資産の譲渡等」とは、「事業として対価を得て行われる資産の譲渡及び貸付け並びに役務の提供」とされています（消法2①八）。

そのため、基本的には、提供ユーザーが、「事業」としてシェアサービスを提供した場合、取引に対して消費税が課されると考えらえます。なお、課税対象とされる取引であっても、基準期間（前々年）における課税売上高が1,000万円以下となる事業者は、消費税の納税義務を免除されます（消法9①）。

シェアリングエコノミーの特徴の1つである個人間取引（CtoC取引）を勘案すると、消費税が課されない取引も多くあると思われますが、最終的には提供ユーザーの税務上の属性により判断されるものと考えられます。

また、提供ユーザーからプラットフォーマーへ支払われる手数料に関しては、通常、プラットフォーマーは事業として取引を行っていることが想定されるため、消費税の課税取引として扱われます。

ただし、プラットフォーマーが国外事業者である場合、日本に居住する提供ユーザー又は購入ユーザーが海外プラットフォーマーに手数料等を支払う際の消費税の取扱いについても留意が必要です。

平成27年度税制改正により、国境を越えた役務の提供に係る消費税の課税関係の取扱いが改正され、国外事業者が行う「電気通信利用役務の提供」のうち、「事業者向け電気通信利用役務の提供」については、当該役務の提供を受けた国内事業者に申告納税義務が課されます（これを「リバースチャージ方式」といいます。）。

したがって、法人として海外プラットフォームを利用する場合、リバースチャージ方式による消費税の課税に留意が必要です。

実例

民泊を行うAirbnbでは、日本に居住する購入ユーザー（ゲスト）の手数料はAirbnbが登録事業者となり、国外事業者申告納税方式で納付します。

一方、日本に居住する提供ユーザー（ホスト）の手数料は個人であっても住宅宿泊事業者に該当し、提供ユーザーがAirbnbに代わって納付するリバースチャージ方式が適用されます[1]。

ただし、対象期間の課税売上割合が95％以上の事業者や簡易課税制度を選択する事業者は、当分の間、消費税法上これらの取引がなかったものとされ、提供ユーザー側で、これらの取引に係る消費税の納付は生じません。

なお、一見すると国外事業者から提供されているように見えるサービスであっても、子会社の日本法人により提供されているケースがある点に留意が必要です。

実例

Googleの広告サービスは、以前は、国外事業者からの提供として、リバースチャージ方式による取扱いがなされていました。

この点、2019年4月より、Google合同会社（日本法人）が広告サービスの提供者となったため、通常の国内の課税取引と同様の取扱いに変更されました[2]。

このように、シェアプラットフォームを含め海外企業のサービスを利用する際は、契約条項・約款・請求書等から、リバースチャージ方式の対象となるか、仕入税額控除の対象となるかを慎重に確認することが必要です。（詳細は、本章2(6)③参照。）

(2) 購入ユーザー

購入ユーザーは、シェアサービスの提供を受けて対価を支払う側です。そのため、シェアサービスから所得を得ることはなく、基本的に、法人税や所得税などの課税の議論は生じません。

なお、シェアサービス提供の対価の支払が業務に関連するものであれば、売上原価や販売及び一般管理費への計上を通じて、法人税計算上の損金や、所得税計算上の必要経費として取り扱われます。

1 Airbnb「付加価値税（VAT）」
https://www.airbnb.jp/help/article/436/付加価値税vat
2 Google広告ヘルプ
https://support.google.com/google-ads/answer/2375370?hl=ja

ただし、一定の条件に該当した際、購入ユーザーに所得税の源泉徴収義務が生じる点に留意が必要です。報酬の内容が原稿料など特定のものに該当し、提供ユーザーが個人でかつ購入ユーザーが法人の場合、源泉徴収義務が生じます。

すなわち、購入ユーザーは、購入したシェアサービスに関する取引報酬に源泉徴収税率（報酬のうち100万円以下の部分は10.21%、100万円超の部分は20.42%です。）を乗じた金額を手元に留保し、源泉徴収控除後の残高を提供ユーザーに支払います（通常の取引では、決済代行会社やプラットフォーマーを通じて支払が行われます。）。そして、留保した源泉徴収額を、納付することになります。

また、サービス提供ユーザーが海外に居住している場合、賃貸収入（スペースのシェアによる収入）など、一定の所得については、国内に居住する購入ユーザー側で源泉徴収義務が生じる取引がある点にも留意が必要です。（詳細は、本章３(2)参照。）

(3) プラットフォーマー

プラットフォーマーが受け取る手数料は、プラットフォーマーにとっての売上となり、所得を構成します。したがって、プラットフォーマーが法人の場合は、法人税の課税対象となります。プラットフォーマーが個人である場合は、所得税の課税対象となります。この点、実際は、プラットフォーマーの大半が法人であると思われます。

次に、消費税についてです。前述の通り、消費税は、国内において事業者が行った資産の譲渡等及び特定仕入に対して課税されます（消法４①)。プラットフォーマーは通常、法人であることから基本的には事業者としてシェアプラットフォーム事業を営みます。

また、プラットフォームサービスを提供する点で、「事業として対価を得て行われる資産の譲渡及び貸付け並びに役務の提供」と定義されている資産の譲渡等に該当します（消法2①八）。

したがって、国内における取引を前提とすると、プラットフォーマーが受け取る手数料に対して消費税が課せられます。

2　サービス提供ユーザーの税務

ここでは、サービス提供ユーザーの税務について、詳しく見ていきます。

前述の通り、個人の提供ユーザーがシェリングエコノミーから所得を得る場合、所得税の課税対象となります。しかし、一般にシェアリングエコノミーの利用を始めるユーザーは、確定申告に馴染みが薄い人も多く、納税者自身が、確定申告の要否について十分に理解しきれていない状況も想定されます。

また、税額計算の基本構造は、総収入（以下、「売上」と呼びます。）から必要経費を控除した課税所得に所得控除等を加味した上で、所得税率を乗じ、さらに税額控除を差し引いて税額を算定するというものですが、こういった基本的な部分についての理解も必ずしも十分でない状況が想定されます。

私たち税理士が、こういった納税者とコミュニケーションをとる際には、基本的な事項も疎かにせずに確認していく必要があるのではないかと思います。

（1）所得税の確定申告の有無

一般に、確定申告をしなくてもよい場合の金額の目安として、給与所得がある個人（会社員やアルバイトなど）は、シェアリングエコノミーなどから得る所得が20万円以下、給与所得のない個人（個人事業主、専業主婦など）は、48万円以下と説明されます（所法86）。もっとも、確定申告の免除判定は複雑なため、実際に確定申告の必要性の有無を判断する場合、個々に精査を行う必要があることは言うまでもありません。

私たち税理士が納税者から問い合わせを受けた際、まずは下記で示した簡易的な目安をもとに、大枠を理解しやすい形で説明することも有用です。以下、給与所得がある個人と給与所得がない個人に分けて、確定申告の有無の詳細を整理していきます。

確定申告が不要となる場合の簡易的な目安

給与所得がある個人	シェアリングエコノミーなどから得る所得が20万円以下
給与所得がない個人	シェアリングエコノミーなどから得る所得が48万円以下

① 給与所得がある個人

会社員やアルバイトなど、企業等に雇用され、給料を得ている個人は、通常、給与所得が発生します。給与所得がある個人は、給料の支給時に所得税が源泉徴収され年末調整による確定が行われるため、この限りにおいて、確定申告が不要となります。

一方、給与所得に加えて、シェアサービスによる報酬を得た場合、当該所得を含め確定申告対象となりますが、給与所得以外の所得が、20万円以下となる場合、確定申告をしないことが選択できます。

この場合、20万円以下の所得は所得税の計算上、切り捨てられて課税対象外となります。もっとも、給与の年間収入額（年間額面給与）が2,000万円を超える場合、給与所得のみであっても確定申告が必要となり、シェアサービスによる報酬等からの所得が20万円以下であっても確定申告を要します。

また、ここでの20万円は所得を基準としています。そのため、提供ユーザーは、シェアサービスによる報酬等の売上から必用経費を控除し、申告の要否の判断を行うことになります。しかし、確定申告に慣れていない納税者は、この20万円の判定を売上で行うと勘違いしていることもあり注意が必要です。

給与所得者の確定申告の免除の要件（一部抜粋）
①　給与の年間収入金額が2,000万円以下で、
②　給与の全部が源泉徴収の対象となっており、
③　各所得金額（給与所得、退職所得を除く。）の合計額が20万円以下の個人

② 給与所得がない個人

個人事業主や専業主婦など企業等に雇用されておらず給与を得ていない個人を想定します。

給与所得がない個人は、各種の所得金額の合計額から、所得控除を差し引き、その金額（課税される所得金額）に所得税の税率を乗じて計算した税額から配当控除額を差し引いた結果、残額がある場合、確定申告書が必要となり、そうでない場合は、確定申告を行わないことができます[3]。

（所得の合計－所得控除）×税率－配当控除≦0

当該算式は、所得税の計算式そのものです。そのため、計算結果が0以下となる場合は、所得税の年税額が0となることを意味し、所得税の申告が不要となります。

ここでの所得控除には、例えば、医療費控除、社会保険料控除、配偶者控除、基礎控除などが含まれます。また、所得控除のうち、一般に広く適用される基礎控除は、個人の合計所得金額が2,400万円以下の場合、48万円（令和元年分までは38万円）です。

そのため、上記の計算式に当てはめると、所得の合計が48万円以下の場合、計算結果が0以下となり、確定申告が不要となります。この点を簡便的に捉えて、給与所得のない個人（個人事業主、専業主婦など）は、シェアサービスによる報酬から得られる所得が48万円以下（令和元年

3 国税庁「確定申告が必要な方」
https://www.nta.go.jp/taxes/shiraberu/shinkoku/tebiki2017/b/01/1_06.htm

分までは38万円以下）の場合、確定申告を要しないと整理されることがあります。

繰り返しになりますが、所得控除の金額は個人の置かれている状況によって大きく変わります。例えば、その年に医療費を多く支出した結果、多額の医療費控除が生じる場合などです。したがって、上記48万円は簡易的な目安にすぎず、実際の確定申告の有無は、個人の置かれている状況に即して判定する必要があります。

(2) 所得区分

シェアリングエコノミーから個人が得る所得は、多くのものが雑所得もしくは事業所得に分類されます。モノのシェア、スペースのシェア（人的役務提供を伴うもの）、移動のシェア、スキルのシェア、お金のシェア（購入型クラウドファンディング）が一般にこれに該当します。

すなわち、これらの所得が事業から生じる場合は事業所得に分類され、そうでない場合は、雑所得に分類されます。なお、寄附型クラウドファンディングについては、寄附者の属性により、贈与税の対象もしくは一時所得として処理されるものと考えられます。

また、投資型クラウドファンディングについては、シェアサービスで一般的に想定する提供ユーザー（売り手）と購入ユーザー（買い手）という関係性ではなく、資金提供者と資金調達者との取引となり、資金提供者が分配金等を受領した際に雑所得が生じると考えられます。（詳細は、本章2(5)①～⑤参照。）

所得税上の提供ユーザーの所得区分

シェアサービスの種類	所得区分
モノのシェア	雑所得又は事業所得
移動のシェア	雑所得又は事業所得
スペースのシェア ・人的役務提供を伴うもの（民泊など） ・人的役務提供を伴わないもの（スペースの時間貸など）	 雑所得又は事業所得 不動産所得又は事業所得
スキルのシェア	雑所得又は事業所得
お金のシェア ・購入型クラウドファンディング ・寄附型クラウドファンディング	 雑所得又は事業所得 個人➡個人の寄附の受取は贈与税の課税対象 法人➡個人の寄附の受取は一時所得

ここで問題となるのは、何が事業に該当するかという点です。事業所得となる場合、青色申告特別控除、損益通算などの仕組みを利用することができ、雑所得となる場合と比べて税額が少なくなることが多々あります。そのため、個人ユーザーにとっては、事業所得となるか雑所得となるかの判断は重要な関心事となり、基本的には、事業所得に分類する誘因が働きます。

事業所得とは、農業、漁業、製造業、卸売、小売業、サービス業その他の事業で政令で定める事業から生ずる所得（所法27①、所令63）です。また、雑所得とは、他の各所得のいずれにも該当しない所得（所法35①）です。

事業所得は、所得税法施行令第63条第１号～第11号において、事業となる具体的な経済活動が掲げられていますが、同条第12号に「前各号に掲げるもののほか、対価を得て継続的に行なう事業」と規定されています。

そのため、事業所得が生じる事業は、多くの経済活動を含むものと解され、実務上は、様々な事情を総合的に考慮しつつ、事業か否かが判断されることになります。また、ここでの雑所得は事業所得に該当しないものという解釈になり、結局は「事業性の判断」が鍵となります。

この点、過去の判例においては、事業所得とは、自己の計算と危険において独立して営まれ、営利性・有償性の有無、継続性・反復性の有無、自己の危険と計算における事業遂行性の有無、その取引に費やした精神的・肉体的労力の程度、人的・物的設備の有無、その取引の目的、その者の職歴・社会的地位・生活状況などの諸点を総合して、社会通念上事業といいうるか否かによって判断するとされ、この規範は判例において繰り返し登場します[4]。そのため、当該規範が事業性判断の拠り所になると言えます。

ここで、判例による判断基準を踏まえて具体的な事例を考えてみます。

会社員の個人が、お小遣い稼ぎ程度の位置付けで、週末の数時間を利用してシェアサービス提供による報酬を得ており、継続して赤字の状態であるような場合は、雑所得とされる場合が多いものと考えられます。他方、例えば、Webデザイン事務所を構え、長年本業として活動している個人が、売上機会の増大を目的に、シェアプラットフォームを通じてWebデザインサービスを提供し所得を得ている場合、当該所得は、事業所得とされうると考えられます。

なお、シェアサービスの中で、民泊については、課税当局より事業性に関する一定の考え方が示されています。「住宅宿泊事業法に規定する住宅宿泊事業により生じる所得の課税関係等について(情報)」によると、

4 最高裁昭和56年4月24日第2小法廷判決（昭和52年（行ツ）第12号所得税更正処分取消請求上告事件）、酒井克彦「第3版スタートアップ租税法」57頁

住宅宿泊事業法に規定する住宅宿泊事業を行うことにより得る所得は、原則として雑所得に区分されるという見解が示されています。

この理由は、住宅宿泊事業法（民泊新法）に基づく民泊に利用できる家屋は、現に人の生活の本拠として使用されている家屋、入居者の募集が行われている家屋、随時その所有者等の居住の用に供されている家屋に限定されており、その宿泊日数も制限されており、当該民泊の性質や事業規模・期間などを踏まえると、原則としてここでの所得は事業から生じていないと考えられるためとされています。（詳細は、本章２⑹②参照。）

COLUMN　その損益通算、大丈夫!?

副業を行っている納税者の方とお話をする中で、「副業による事業所得の赤字を、給与所得にぶつけることにより税金を減らせる（給与の源泉徴収税の還付を受けることができる）と聞いたのですが…」といった相談を受けることが多々あります。

お話を聞いてみると、副業からの売上はほとんどなく、売上に比して多額の経費計上をしているような状況が見えることもあります。税理士が想像する以上に、一般の方々の間でこういった節税の考え方が広まってきているのではないかと感じます。

ある所得が事業所得となるかは、前述の通り、複数の要素を加味し、個別の事例ごとに総合的に判断されます。そのため、事業所得となるか雑所得となるかはケースバイケースです。

一方、国税庁のWebサイト上、副業に係る所得（原稿料やシェアリングエコノミーに係る所得など）は業務に係る雑所得として例示されている[5]など、課税当局は副業を基本的に雑所得として捉えており、限定的な状況下において事業所得になると考えている状況が垣間見えます。

この点で課税当局と納税者の考えに隔たりがあると思われ、私たち税理士の立場からは、事業所得と雑所得の区分について、納税者に適切なフィードバックを行う必要があると感じています。

5 国税庁「タックスアンサー　No.1500 雑所得」
https://www.nta.go.jp/taxes/shiraberu/taxanswer/shotoku/1500.htm

(3) 課税所得計算上の売上

① 売上の確認方法

既存の企業間取引とは異なり、シェアサービスでは、ネット上で構築された機能を通じて受発注や支払が行われるため、注文書、請求書、納品書などが発行されないことも多くあります。

そのため、課税計算上の売上の根拠資料として、管理画面から売上明細をダウンロード（もしくは画面コピーを保存）するなどの対応が推奨されます。突発的な事象によりWebサイトにログインできなくなったり、シェアサービスから退会したために後日ログインして売上明細を見られなくなってしまうといった事態になると、課税計算に支障が生じるかもしれません。

税理士の立場からは、このような特性を理解し、売上明細はこまめにダウンロード（もしくは画面コピーを保存）するよう納税者へ助言することも重要です。

なお、企業が購入ユーザーとなるシェアサービスでは、より既存の企業間取引に近づけるために、提供ユーザーから請求書を発行してもらい、請求書に基づいて購入ユーザーが支払を行う（いわゆる請求書払い）機能を有していることもあります。

こういった場合は、売上の根拠として請求書等を利用できることもあります。課税計算の観点から、利用するシェアサービスごとにどのような機能があるか確認を行うことも有用です。

② 売上金額

一般的に提供ユーザーはシェアサービス提供の対価として、取引額に以下のものを加味した金額を受領します。

ⅰ　手数料及び手数料に対する消費税

プラットフォーマーが徴収する手数料です。システム利用料など様々な名目がありますが、売上に対して一定の料率を掛けた金額を徴収されるのが一般的です。料率は様々ですが、概ね売上に対して５％～25％程度が目安となります。

また、プラットフォーマーは通常、手数料に対して10％の消費税を徴収します。なお、提供ユーザーの銀行口座へ売上金を着金する際の銀行振込手数料を、提供ユーザーが負担するプラットフォームもあります。

ⅱ　源泉徴収額

提供ユーザーが行うサービスの内容や提供ユーザーと購入ユーザーの属性によって、源泉徴収が生じます。

例えば、シェアプラットフォームを利用して、翻訳業務を行う際に、提供ユーザーが個人かつ購入ユーザーが法人の場合、源泉徴収が生じます。源泉徴収される所得税額及び復興特別所得税額は、売上に対して10.21％（ただし100万円を超える部分は、20.42％です。）となります。（詳細は、本章３(1)参照。）

ⅲ　取引に対する消費税

提供ユーザーが消費税を受領する場合、取引額に対して10％の消費税が生じます。上記を踏まえて、具体的な数値を示すと以下の通りになります。

10,000円のサービスを考えます。手数料率10％、消費税は手数料に対して別途10％とした場合、ａ手数料及び手数料に対する消費税は、1,100円です。したがって、ａのみが生じる場合、提供ユーザーは、8,900円（＝10,000円－1,100円）を受け取ります。

次に、ａ手数料及び手数料に対する消費税に加えて、ｂ源泉徴収が生じるケースを考えます。源泉徴収税率は、10.21%であるため、源泉徴収税額は1,021円(＝10,000円×10.21%)となります。したがって、ａ及びｂが生じる場合、提供ユーザーは、7,879円（＝10,000円－1,100円－1,021円）を受け取ります。

最後に、ａ手数料及び手数料に対する消費税、ｂ源泉徴収額、ｃ取引に対する消費税が生じるケースを考えます。外税を前提にすると、この場合取引に係る消費税は、1,000円（＝10,000円×10%）です。

したがって、ａ、ｂ及びｃが生じる場合、提供ユーザーは、8,879円（＝10,000円－1,100円－1,021円＋1,000円）を受け取ります。

③ 売上計上時期

第２章で説明した通り、通常、提供ユーザーは売上金を購入ユーザーから直接受け取るのではなく、シェアプラットフォームを通じて受領します。売上金は、一旦、シェアプラットフォーム上で提供ユーザーの引き出し可能売上金としてプールされ、提供ユーザーが任意の時点で出金手続を行うことによって、提供ユーザーの指定の銀行口座へ振り込まれます。

なお、資金決済法上の資金移動業の兼ね合いなどから、提供ユーザーによる出金手続を必要とせず、一定の振込サイクルに従って自動で指定の銀行口座へ振り込まれるシェアサービスや、提供ユーザーによる出金手続が行われなかった場合に、所定の期間を経過すると自動で振り込まれるシェアサービスもあります。

税務申告に馴染みの薄い納税者は、売上金を実際に着金した時点、すなわち、指定する銀行口座への振込完了時点で、売上を計上すればよいと考えてしまうこともあります。そのため、出金処理をせずにプラットフォームに売上金を留保しておけば、当該売上金を課税計算から外せると考えてしまうこともあります。

この点、所得税の課税計算に用いる売上の計上時期は、端的に言えば、物品やサービスの引渡しや提供が完了し、対価として貨幣性資産を受領した時点となります。通常、シェアサービスでは役務提供が完了した時点で、売上金の引き出しが可能となります。したがって、税務申告に馴染みの薄い納税者に対しては、売上の計上時期は売上金が出金可能になった時点と理解してもらうことも有用であると考えます。

もっとも、事業所得や不動産所得の計算上、小規模事業者は、いわゆる「現金主義」[6]による売上計上の特例が認められています。すなわち、青色申告を行うもので、不動産所得又は事業所得が生じる業務を行うもののうち、小規模事業者として一定の要件に該当するものの売上は、その年において収入した金額とすることができるとされています（所法67）。ここでの小規模事業者としての一定の要件とは、端的に言えば、前々年の事業所得（又は不動産所得）の金額が300万円以下の場合です。したがって、青色申告を選択しているもので、前々年の事業所得（又は不動産所得）の金額が300万円以下の場合、当年分の事業所得（又は不動産所得）の申告に際して、いわゆる「現金主義」による売上計上が可能となります。

6 入金に基づく売上計上について、財務省資料では「いわゆる『現金主義』」と表現されることがあるため、本書では当該表現を用いています。

現金主義により売上計上できる場合（所法67、所令195）
①　青色申告書を提出することにつき税務署長の承認を受けている居住者であること ②　不動産所得や事業所得が生じうる業務を行っていること ③　前々年の不動産産所得及び事業所得の金額（事業に専従する親族がある場合の必要経費の特例等を適用しないで計算した場合の金額）の合計額が300万円以下であること ④　既に本特例の適用を受けたことがあり、かつ、その後本特例の適用を受けないこととなった者については、再び本特例の適用を受けることにつき納税地の所轄税務署長の承認を受けた者であること

なお、雑所得についても、令和２年度税制改正により、一定の要件を満たした場合、いわゆる「現金主義」による売上計上が認められることとなりました。この改正は令和４年分以後の所得税について適用されます。(詳細は、本章２(6)①を参照。)

税理士の立場からは、確定申告に馴染みの薄い納税者に対しては、上記の特例を利用して、いわゆる「現金主義」による売上計上をアドバイスすることも有用と考えられます。

COLUMN　売上金のポイント交換

一部のサービスでは、提供ユーザーが得る売上金をポイントへ変換し、プラットフォーム上での購入時の支払や、その他連携するサービスの支払に充当できる場合があります。

例えば､個人間でモノを売買する一部のマーケットプレイスでは、マーケットプレイス上での販売で得た売上金をポイントに変換することができます。変換されたポイントは、マーケットプレイスでの購入の支払に充当できるだけでなく、提携するお店などでの決済に利用することができます。例えば、大手コンビニチェーンや大手スーパーなどでの支払に利用できます。

したがって､ユーザーが､マーケットプレイスで不用品を売却し､そこで得た売上金をコンビニでの日用品の購入支払に充てるといったことが可能です。

④ 設例による解説

ここでは、簡単な設例をもとに、提供ユーザーの売上に関する経理処理を見ていきます。

Ａさんはプラットフォームを利用して、シェアサービスの提供を行っています。Ａさんは、取引金額（消費税込）10,000円のサービスを提供しました。プラットフォーム利用に対する手数料は、取引金額に対して20％です。
また、プラットフォーマーは、手数料に対して別途消費税を課しています。Ａさんは取引終了後、売上代金をプラットフォーム上のアカウントから自分の銀行口座へ移動させるため、出金処理を実施しました。
なお、銀行振込手数料は一律100円となっています。

ｉ　源泉徴収対象取引とならない場合

この取引が源泉徴収対象取引とならない場合を考えます。

まず、サービス提供が完了した段階で、提供ユーザーは、取引額10,000円を売上として認識します。なお、Ａさんの消費税の経理処理は、税込処理を前提にして話を進めます（以下同様）。

また、同時にプラットフォーマーに対する手数料2,200円（10,000円×20％＋消費税200円）を認識します。そして、売上10,000円と手数料2,200円との差額7,800円を売掛金として認識します。

次に、Ａさんは出金処理を行った際に、売掛金7,800円の減少を認識し、銀行振込手数料100円を費用として認識します。つまり差引7,700円が実際のＡさんの着金額であり、これを現金預金の増加として処理します。

a　サービス提供完了時

（借）	売掛金	7,800	（貸）	売上	10,000
	支払手数料	2,200			

b　出金処理時

（借）	現金預金	7,700	（貸）	売掛金	7,800
	支払手数料	100			

ⅱ　源泉徴収対象取引となる場合

この取引が源泉徴収対象取引となる場合を考えます。

まず、サービス提供が完了した段階で、提供ユーザーは、取引金額（税込）10,000円を売上として認識します。Aさんの消費税処理については、ⅰと同様に税込処理を前提にします（以下同様）。

また、同時にプラットフォーマーに対する手数料2,200円（10,000円×20%＋消費税200円）を認識します。さらに、報酬に対する源泉徴収税率を10.21%とすると、1,021円（10,000円×10.21%）の源泉徴収を認識します。

最後に、10,000円から手数料2,200円、源泉徴収額1,021円を差し引いた6,779円の売掛金を認識します。

なお実際の源泉徴収額は、プラットフォーマーの源泉徴収機能によって計算されることも多く、提供ユーザーは、プラットフォーム上の売上管理画面等から参照することができます。ここでは源泉徴収額の算定基礎を、税込の取引金額としています（平元直法6－1（最終改正平26課法9－1）参照）。

次に、Aさんは出金処理を行った際に、売掛金6,779円の減少を認識し、銀行振込手数料100円を費用として認識します。つまり差引6,679円が実際のAさんの着金額であり、これを現金預金の増加として処理します。

a　サービス提供完了時

（借）	売掛金	6,779	（貸）	売上	10,000
	支払手数料	2,200			
	仮払税金	1,021			

b　出金処理時

（借）	現金預金	6,679	（貸）	売掛金	6,779
	支払手数料	100			

（4）課税所得計算上の必要経費

① 必要経費のポイント

税理士の読者の方には言うまでもありませんが、必要経費とは売上を得るために要した費用を指します。しかし、何が経費に該当するかは具体的な定めがあるわけではなく、最終的には実情に合わせて個別に判断されます。

また、「経費で落ちる」「経費で落ちない」といった類の話は納税者の大きな関心事で、度々議論になります。ここでは、私たち税理士が、税務申告に不慣れな納税者とコミュニケーションをとる際のヒントを得るため、改めて必要経費とは何かを読み解き、要点を整理していきます。

所得税法によると、必要経費は、「売上原価その他当該総収入金額を得るため直接に要した費用の額及びその年における販売費、一般管理費その他これらの所得を生ずべき業務について生じた費用（償却費以外の費用でその年において債務の確定しないものを除く。）の額」とされています（所法37、所基通37－1）。ここから、以下の3つの要点を導出することができます。

i　売上を得るために直接要した費用、業務について生じた費用であ

ること
ii　その年（1月1日から12月31日）に生じたものであること
iii　債務が確定していること

i　売上を得るために直接要した費用、業務について生じた費用であること

「経費で落ちる」「経費で落ちない」といった類の話の多くは、この点を指しています。業務について生じた費用という点からは、あらゆる費目が必要経費に該当する可能性がありますが、結局は、直接的・間接的に、売上を得るという目的（事業目的）で使われた費用であるかという点が理解のポイントとなります。その上で、納税者からの相談に対しては、

a　売上を得る目的（事業目的）で生じた費用であるか
b　それを他人に客観的に説明できるか
c　きちんとした根拠（レシート・領収書や適性な記録など）を提示できるか

という点を意識していただき、必要経費を個別に判断してもらうのがよりスムーズで適正な税務申告につながると考えます。

ii　その年（1月1日から12月31日）に生じたものであること

確定申告に慣れていない納税者にとって、過去の費用や未来の費用を当期の必要経費に計上できないということが、当たり前のこととして理解されていないなと感じることが多々あります。相談に来られる納税者の方々に、費用の期間帰属をしっかりと意識してもらうことも重要です。

ⅲ　債務が確定していること

ここでの債務の確定している時点とは、費用の実際の支払時点ではなく、当該費用に係る債務が成立し、当該債務に基づいて具体的な給付すべき原因となる事実が発生し、金額を合理的に算定することができるという要件を全て満たしている時点（所基通37－２）です。

したがって、すでに支払を終えている費用のほか、いわゆる未払費用など支払が終わっていないがすでに発生している費用も必要経費に計上することができます。確定申告初心者の方にとっては、この視点も抜けがちです。必要経費を漏れなく計上し、納税額を合理的に抑えることは納税者にとってもメリットがあります。

② 事業のための費用と私的な費用の区分

前述したⅰの売上を得るために生じた費用であることの要点にも関連しますが、シェアリングエコノミーユーザーにおいても、ある支出が事業のための費用と私的な費用を含む状況はよくあります。こういった状況において、税務上どのように対応するかを納税者に理解してもらうことも重要です。

私的な費用を課税所得計算に入れないという点はもちろんのこと、私的な費用が混ざっている状況であっても、事業利用の費用と私的利用の費用を合理的に分離することにより、事業利用の費用を必要経費に算入できる点を理解してもらうことも有用です。

事業利用と私的利用への按分基準として、一般にⅰ利用時間による按分、ⅱ利用面積による按分、ⅲ利用時間と利用面積による按分があります。

ⅰ　利用時間による按分

例えば、自宅のインターネット回線を一部事業目的で利用している場合です。この場合、毎月のインターネット利用料を事業目的で利用している時間分だけ按分して必要経費に算入することが考えられます。

ⅱ　利用面積による按分

例えば、自宅の一室を事務所用スペース専用として利用している場合です。この場合、自宅の全体の面積に事務所用専用スペースが占める割合を計算し、支払家賃に乗じることによって、事業利用分の費用を算定し、必要経費に算入することが考えられます。

ⅲ　利用時間と利用面積による按分

例えば、自宅を民泊に供している場合の水道光熱費があります。この場合、民泊に利用している床面積の割合により水道光熱費を按分し、それをさらに民泊に利用している日数で按分した金額を必要経費に算入することが考えられます。（詳細は、本章２(6)②参照。）

③ 必要経費

ここでは、シェアサービスの提供を行うに当たって、必要経費となりうる具体例を挙げていきます。

ⅰ　手数料（プラットフォーム利用料）

シェアプラットフォーム上でサービスを提供する場合、通常、プラットフォーム企業への手数料が発生します。多くの場合、シェアプラットフォーム上での売上に決められた料率（一般に５％～25%程度）を乗じた金額の負担が発生します。

また、提供ユーザーの銀行口座へ売上金が着金する際の銀行振込手数料を、提供ユーザーが負担する場合もあります。

ii　パソコン代

パソコンを利用してシェアサービスの提供を行う場合、パソコンの購入代金等は、原則として、固定資産に計上し、耐用年数に応じた減価償却費を経費として計上します。この点、取得価額が10万円未満の場合、少額減価償却資産として、消耗品費などの科目で、取得した年に全額経費として処理することができます。

また、取得価額が20万円未満の場合、一括償却資産として、取得後３年間で均等償却を行うこともできます。さらに、青色申告を行っているなど一定の条件を満たした個人は、30万円未満の償却資産を取得した場合、少額減価償却資産の特例を利用し、消耗品費などの科目で、取得した年に全額経費として処理することができます。なお、上記の10万円未満、20万円未満、30万円未満の確認は、パソコン１台単位で判定します。

例えば、１台あたり９万円のパソコンを３台購入した場合、購入総額は27万円ですが、１台あたりの金額は、10万円未満のため、27万円を少額減価償却資産として、取得時に全額経費として処理することができます。

iii　通信費

シェアプラットフォームはWebサイト上での利用となるため、通常、シェアサービスを提供する際に、インターネット接続環境が必要となります。インターネット接続サービス等を利用する場合、インターネット回線を提供している回線事業者や接続サービスを提供しているプロバイダとの契約から生じる費用が発生します。

また、Wi-Fi・モバイル回線を利用してインターネットに接続している場合、これらの費用が発生します。なお、開設工事費用も通信費として計上できます。ただし、事務所内のLAN環境を整備するために実施する工事費は、固定資産又は消耗品（10万円未満の場合）として計上します。

iv　旅費交通費

例えば、スキルシェアサービスでの出張写真撮影、家事代行のために購入者の自宅に訪問するなど、移動を要する場合、航空券代、タクシー代、電車代、ホテル代（遠方へ出向いてサービスを行う場合）などの費用は、旅費交通費となります。なお、航空券について、国内移動については消費税が課税されますが、海外への移動は往路・復路ともに非課税になります。

v　会議費

シェアサービスの提供に関連して、例えば、カフェなどで打ち合わせを行った場合、飲食に係る費用は経費となります。

vi　書籍代

シェアサービスの提供に関連して、知見を向上させる目的で購入した書籍は経費となります。

vii　交際費

情報収集や研鑽のため、同業者との交流会などの参加費用が発生する場合があります。

viii　研修費

シェアサービスの提供に必要なスキルを向上させるために、受講した研修やセミナーの費用は経費となります。

ix　消耗品費

シェアサービスの提供に関連して利用する文房具、インク、名刺などの費用は経費となります。

x　家賃

自宅で作業などを行う場合、家賃のうち事業割合部分を経費として計上することが可能です。（詳細は、本章2(4)②参照。）

また、事務所を借りている場合（コワーキングスペースやシェアオフィスの利用なども含みます。）、オフィス賃料を経費として計上できます。なお自己所有物件を利用する場合、減価償却費等の費用のうち事業に利用している部分を経費として計上することも考えられます。

xi　水道光熱費

自宅で作業などを行う場合、電気代など事業割合部分を経費として計上することが可能です。（詳細は、本章2(4)②参照。）

(5) シェアサービスの種類ごとのポイント

ここでは、シェアサービスの種類ごとに、サービス提供ユーザーの所得税上のポイントを説明していきます。お金のシェアに関しては、プラットフォームを通じた資金調達者と資金提供者の所得税上と法人税上のポイントについて説明していきます。

① モノのシェア

ここでは、主にシェアプラットフォームを通じて行われるモノのレンタル・シェアを考えます。

i　所得区分

自身が所有しているモノをレンタル・シェアして報酬を受け取る際、事業として行う場合は事業所得に、そうでない場合は、雑所得に区分されます。なお、フリマアプリ等を利用し、生活用動産（衣服、家具など生活に通常必要な動産）を譲渡した場合の所得は、課税対象とされません。

ただし、貴金属や宝石、書画、骨とうなどで、１個又は１組の価額が30万円を超えるものの譲渡による所得は譲渡所得の対象となります[7]。

一方で、生活用動産であっても、継続的な販売もしくは商売目的で仕入を伴う販売は、事業として行う場合は事業所得に、そうでない場合は雑所得に分類されます。

ii　売上

モノのシェアについては、レンタル期間に応じて、売上を計上する

7 国税庁「タックスアンサー No.3105譲渡所得の対象となる資産と課税方法」
https://www.nta.go.jp/taxes/shiraberu/taxanswer/joto/3105.htm

ことが考えられます。レンタル期間が、事業年度をまたぐことも想定されますが、通常、プラットフォーマーと提供ユーザーの間でのレンタル料の精算は月次などの期間で区切って実施されます。

そのため、シェアプラットフォームの管理画面等から各月の確定売上を確認することにより、課税対象期間の売上を集計することが可能と考えられます。

ⅲ　必要経費

「(4)③必要経費」で記載したように、一般に手数料（プラットフォーム利用料)、パソコン代、通信費、旅費交通費、会議費、書籍代、交際費、研修費、消耗品費、家賃、水道光熱費などの費目が考えられます。これらのうち、業務のために利用した部分が必要経費となります。

上記に加え、例えば、洋服やカバンのシェアなどの場合、対象となるモノのクリーニング代や修理代、保険料などが経費として発生する場合もあると考えられます。

② スペースのシェア

ここでは住居や会議室などのスペースのレンタルを想定します。

ⅰ　所得区分

人的役務提供を伴う場合と人的役務提供を伴わない場合に区分して説明します。人的役務提供を伴う場合とは、例えば、食事を提供したり宿泊のためのサービスを提供したりするような場合です。人的役務提供を伴う場合、事業として行う場合は事業所得に、そうでない場合は、雑所得に区分されます。

次に人的役務提供を伴わない場合、すなわち、賃貸契約に基づく賃借料を受け取るような場合は、原則として不動産所得に区分されます。ただし、事業的規模で行った場合、事業所得に区分されるものと考えられます。

ⅱ　売上

レンタル期間に応じて、売上を計上することが考えられます。レンタル期間が、事業年度をまたぐことも想定されますが、売上の計算は、通常、日ごとに仕切られています。

そのため、シェアプラットフォームの管理画面等から各月の確定売上を確認することにより、課税対象期間の売上を集計することが可能と考えられます。

ⅲ　必要経費

「(4) ③必要経費」で記載したように、一般に手数料（プラットフォーム利用料）、パソコン代、通信費、旅費交通費、会議費、書籍代、交際費、研修費、消耗品費、家賃、水道光熱費などの費目が考えられます。

これらのうち、業務のために利用した部分が必要経費となります。上記に加え、例えば、レンタルに供する自己不動産の固定資産税や減価償却費、損害保険料、レンタルスペースの清掃費用などが経費として発生する場合もあると考えられます。

③ 移動のシェア

ここでは、自家用車をシェアするカーシェアサービスを考えます。

ⅰ　所得区分

自身が所有している自家用車をシェアして報酬を受け取る場合、事業として行う場合は事業所得に、そうでない場合は、雑所得に区分されます。

この点、カーシェアのプラットフォームであるAnycaのWebサイトに掲載されたQ&Aにおいて、Anycaでのカーシェア収入は、所得税法上、雑所得に区分されると考えられる旨の記載があります。理由として、Anycaでのカーシェアは共同使用であり、自動車運送事業として行うことを禁止されているためとされています[8]。

ii　売上

個別のシェア取引の完了時に売上を計上することが考えられます。この点、シェアプラットフォームの管理画面等から各月の確定売上を確認することにより、課税対象期間の売上を集計することが可能と考えられます。

なお、通常、取引は時間単位でのシェアとなるため、日をまたぐ取引が生じ、結果として事業年度をまたいで完了する取引が生じることも想定されます。状況によっては、事業年度をまたぐ取引について、事業年度末までの売上を日割りで計算することを検討することも考えられます。

iii　必要経費

「(4) ③必要経費」で記載したように、一般に手数料（プラットフォーム利用料）、パソコン代、通信費、旅費交通費、会議費、書籍代、交際費、研修費、消耗品費、家賃、水道光熱費などの費目が考えられます。これらのうち、業務のために利用した部分が必要経費となります。

上記に加え、例えば、ガソリン代、自動車保険料、車検費用、洗車のための費用や修理費用などが必要経費として発生する場合もあると考えられます。ただし、カーシェアは共同使用となるため、自己のために使用した部分に関する費用は必要経費とはならず、あくまでもカーシェアに使用した部分に対応する費用のみが必要経費となります。

8　Anyca「よくあるご質問」　https://anyca.net/faq

④ スキルのシェア

ここでは、スキルシェアプラットフォームやクラウドソーシングなどを利用して、自身のスキルを提供する取引を考えます。

i　所得区分

自身のスキルを提供して報酬を受け取る場合、事業として行う場合は事業所得に、そうでない場合は、雑所得に区分されます。

ii　売上

スキルの提供の完了時に売上を計上することが考えられます。また、通常、完了時点で対応する売上金の出金が可能となるため、売上の計上時期は、売上金が出金可能となった時点とも言い換えられます。実務的には、シェアプラットフォームの管理画面等から確定売上を確認することにより、課税対象期間の売上を集計することが可能と考えられます。

原稿作成、デザイン作成など特定の売上については、源泉徴収の対象となっている場合があります。この場合、売上は、源泉徴収前の金額となります。

iii　必要経費

「(4) ③必要経費」で記載したように、一般に手数料（プラットフォーム利用料）、パソコン代、通信費、旅費交通費、会議費、書籍代、交際費、研修費、消耗品費、家賃、水道光熱費などの費目が考えられます。これらのうち、業務のために利用した部分が必要経費となります。

⑤ お金のシェア

クラウドファンディングサービスを利用して資金調達をする個人や法人を考えます。

ここでは、クラウドファンディングサービスを利用した資金調達のうち、購入型クラウドファンディングと呼ばれるものと、寄附型クラウドファンディングと呼ばれるものについて取り上げていきます。

i　購入型クラウドファンディング

購入型クラウドファンディングは、起案者がクラウドファンディングを通じて資金調達をして事業が実現したとき、その成果である商品やサービスを支援者に提供するものです。いわば、商品やサービスを事前購入してもらう形での資金調達法です。

購入型クラウドファンディングの場合、起案者が支援者から受け取る資金の性質は、売上の前受と考えられます。購入型の場合、資金提供の見返りに商品やサービスを提供する義務があり、商品やサービス代金を事前に受け取ったことになるからです。

したがって、経理処理上は、資金調達時に前受金を計上し、商品やサービスの提供が完了した際に、前受金を売上に振り替えることになると考えられます。

起案者が個人の場合、当該売上は所得税の課税対象になります。クラウドファンディングが事業として行われる場合は事業所得として、そうでない場合は、雑所得として取り扱われるものと考えられます。起案者が法人の場合、当該売上は法人の課税所得を構成し、法人税の課税対象となります。

購入型クラウドファンディングの課税関係

資金調達者	課税関係
個人	所得税（事業所得又は雑所得）が課税される
法人	法人税が課税される

ii　寄附型クラウドファンディング

寄附型クラウドファンディングとは、起案されたプロジェクトに対して支援者がお金を寄附する仕組みのクラウドファンディングです。そのため、商品やサービスなどのリターンは基本的に発生しません。

寄附型クラウドファンディングの場合、寄附を受け取る者が、個人か法人かで課税関係が異なります。また、寄附を行う者が、個人か法人かでも課税関係が異なります。

a　個人が寄附を受け取る場合

まず、個人が個人から寄附を受ける場合、当該寄附金は贈与税の対象となります。贈与税上は、110万円の基礎控除があるため、年間の寄附額が110万円を超える場合、贈与税の申告と納税を行うことになります。

他方、個人が法人から寄附を受ける場合、当該寄附金は、一時所得として所得税の課税対象となります。一時所得には50万円の特別控除が適用されるため（所法34③）、50万円を超える部分が課税対象となります。

b　法人が寄附を受け取る場合

法人が受け取る寄附金は、受贈益として、課税所得を構成し、法人税の課税対象となります。

寄附型クラウドファンディングの課税関係（資金調達者）

資金調達者	課税関係
個人から個人への寄附 法人から個人への寄附	贈与税が課税される 所得税（一時所得）が課税される
個人/法人から法人への寄附	法人税が課税される

c　個人が寄附をする場合

個人が寄附を行う場合、支払った寄附金は課税対象となりません。

ただし、寄附金控除や寄附金特別控除の要件を満たす場合、所得税計算上、所得控除や税額控除として取り扱うことができます。

d　法人が寄附をする場合

法人が寄附を行う場合、法人税計算上、一定の制限の下、損金として取り扱われます。なお、一般の寄附金は、以下の計算式により損金算入限度額が計算されます[9]。

$$〔資本金等の額\times\frac{当期の月数}{12}\times\frac{2.5}{1,000}+所得の金額\times\frac{2.5}{100}〕\times\frac{1}{4}$$
$$=〔損金算入限度額〕$$

寄附型クラウドファンディングの課税関係（資金提供者）

資金提供者	課税関係
個人	所得税計算上、寄附金控除（所得控除）や寄附金特別控除（税額控除）を受けることができる場合がある
法人	法人税計算上、一定の制限の下、損金として取り扱われる

9 国税庁「寄附金を支出したとき」
https://www.nta.go.jp/publication/pamph/koho/kurashi/html/04_3.htm

【参考】寄附を行った場合の取扱い[10]

<table>
<tr><th>区　分</th><th>所得税</th><th>法人税</th></tr>
<tr><td>国又は地方公共団体に対する寄附金</td><td rowspan="6">特定寄附金として、一定の金額を所得控除（公益社団法人等、認定NPO法人等又は政党等に対する寄附金で一定のものについては、税額控除を選択可）</td><td rowspan="2">支出額の全額を損金算入</td></tr>
<tr><td>指定寄附金</td></tr>
<tr><td>特定公益増進法人に対する寄附金</td><td rowspan="3">一般の寄附金とは別枠で寄附金の額の合計額と特別損金算入限度額とのいずれか少ない金額の範囲内で損金算入</td></tr>
<tr><td>特定公益信託の信託財産とするために支出した金銭</td></tr>
<tr><td>認定NPO法人等に対する寄附金</td></tr>
<tr><td>政治活動に関する寄附金</td><td rowspan="2">損金算入限度額の範囲内で損金算入</td></tr>
<tr><td>一般寄附金（上記以外）</td><td>所得控除されない</td></tr>
</table>

(6) その他の留意点

ここでは、サービス提供ユーザーの税務に関するその他の留意点を説明します。

① 雑所得に関する税制改正

i　現金主義の特例

令和2年度税制改正において、雑所得が生じる業務からの収入金額が300万円以下の場合、いわゆる現金主義による売上と必要経費の計上が認められました。すなわち、雑所得を生ずべき業務を行う居住者でその年の前々年分の雑所得を生ずべき業務に係る収入金額が300万円以下であるもの（「特例対象者」といいます。）のその年分の雑所得

10 前掲注9に同じ

を生ずべき業務に係る雑所得の金額（山林の伐採又は譲渡に係るものは除かれます。）の計算上総収入金額及び必要経費に算入すべき金額は、その業務につきその年において収入した金額及び支出した費用の額とすることができることとされました（所法67②、所令196の２）。

この改正は、令和４年分以後の所得税について適用されます。なお、現金主義を選択する特例対象者は、確定申告書を提出する際に、その申告書に本特例の適用を受ける旨の記載をしなければならないこととされました（所令197③）。

この改正の背景として、シェアリングエコノミー等の浸透を念頭に置いていることが指摘されています。シェアリングエコノミー等の新分野の経済活動は、給与所得者が兼業又は副業としてその経済活動を行うケースも多く見られます。こうした兼業や副業を行う給与所得者は、事業所得者や不動産所得者と異なり、記帳、所得金額の計算、確定申告の経験の乏しい方が多い上、実際に兼業や副業の所得に係る確定申告の件数が増加する傾向にあります。

こうした点等を踏まえ、納税者がより簡便に所得金額の計算を行って確定申告ができるようにするために、雑所得を生ずべき業務についても、現金主義による所得計算ができることとされました。

他方、現金主義による所得計算は現金の収受を恣意的に翌年にずらすなど所得の帰属年度を操作することにより租税回避が可能となる点を踏まえれば、無制限に現金主義の適用を可能とすることは適正課税の確保の観点から適当ではないことから、前々年分のその業務に係る収入金額が300万円以下である小規模な業務を行う者に限って本特例の適用ができることとされました[11]。

11 財務省「令和２年度税制改正の解説　所得税法等の改正」六２(2)

ii　現金預金取引等関係書類の保存義務

上記に加え、令和２年度税制改正において、前々年分の雑所得の収入金額が300万円を超える場合、５年間、その業務に係る現金預金取引等関係書類を保存しなければならないこととされました（所法232②、所規102⑦⑧）。

改正前の雑所得については、その申告内容を疎明する客観的な資料の保存を求める制度はありませんでした。この点、多くの納税者は自ら所得計算・申告を行うためにその年の領収書等の客観的な資料を確定申告の時まで保存し、その資料に基づいて確定申告を行ってきたものと考えられます。

今後は、課税当局が雑所得を生ずべき業務に係る雑所得の申告内容を積極的に確認していくに当たって、所得金額の把握をより正確に行えるよう制度が整備されました[12]。

iii　収支内訳書の確定申告書への添付義務

上記のほかに、令和２年度税制改正においては、前々年分の雑所得の収入金額が1,000万円を超える場合、確定申告書を提出する際には、収支内訳書（総収入と必要経費の明細）を確定申告書に添付しなければならないこととされました（所法120⑥）。

改正前は、雑所得を生ずべき業務に係る雑所得は、金額の多寡にかかわらず、確定申告書に収支内訳書を添付する必要はありませんでした。納税者は、雑所得の所得計算を適正に行うことができるようにするとともに、課税当局による申告内容の確認を効率的に行えるようにする観点から、不動産所得者や事業所得者と同様に、収支内訳書の作成及び提出を求めることとされました。

ただし、納税者の収支内訳書の作成に係る事務負担と課税当局にお

12 財務省「令和２年度税制改正の解説　所得税法等の改正」六２(4)

ける申告内容の確認を効率的に行うことの必要性とのバランスも踏まえ、この添付義務の対象者は、多額の雑所得を生ずべき業務に係る収入（1,000万円超）を有する者に限ることとされました[13]。

雑所得に関する令和２年度税制改正

雑所得を生じさせる業務からの収入	内　容
前々年分の収入300万円以下	売上・必要経費の計算に現金主義を選択可能
前々年分の収入300万円超	５年間、その業務に係る現金預金取引等関係書類を保存しなければならない
前々年分の収入1,000万円超	収支内訳書を確定申告書に添付しなければならない

※上記は令和４年分以後の所得税について適用されます。

② 住宅宿泊事業法に則った民泊

民泊の急速な普及を受け、2018年６月15日より住宅宿泊事業法（民泊新法）が施行されています。これに対応し、国税庁より「住宅宿泊事業法に規定する住宅宿泊事業により生じる所得の課税関係等について（情報）」が公表され、民泊に関する一定の税務上の見解が示されています。

また、国税庁の公式な見解ではないとされているものの、国税庁の研修機関である税務大学校より、所得税法上のより詳細な見解が、税務大学校論叢96号「個人が行う民泊に関する所得税法上の諸問題」[14]として発表され、国税庁Webサイトに公開されています。これらの状況を踏まえ、民泊の所得税上の論点について確認していきます。

13 財務省「令和２年度税制改正の解説　所得税法等の改正」六２(3)
14 税務大学校論叢96号 「個人が行う民泊に関する所得税法上の諸問題」
https://www.nta.go.jp/about/organization/ntc/kenkyu/ronsou/96/01/01.pdf

ⅰ　所得税上の所得区分[15]

「住宅宿泊事業法に規定する住宅宿泊事業により生じる所得の課税関係等について（情報）」によると、自己が居住する住宅を利用して民泊新法に規定される住宅宿泊事業（以下「民泊新法による民泊」といいます。）を行っている場合、これにより得た所得は、原則として、雑所得に区分されています。

不動産の貸付けによる所得は、原則として不動産所得に分類されますが、民泊による所得は不動産所得ではなく、事業から生じる所得か否かによって、事業所得もしくは雑所得の判定となるとされています。この点、民泊新法による民泊は原則として事業所得ではなく、雑所得であるとの整理が行われています。

民泊が不動産所得に該当しない理由としては、宿泊者の安全等の確保や一定程度の宿泊サービスの提供が宿泊施設の提供者に義務付けられており、利用者から受領する対価には、部屋の使用料のほか、寝具等の賃貸料やクリーニング代、水道光熱費、室内清掃費、日用品費、観光案内等の役務提供の対価などが含まれていると考えられ、この点において、一般的な不動産の貸付け（賃貸）とは異なるためとされています。

また、原則として雑所得になる理由として、民泊新法による民泊に利用できる家屋は、現に人の生活の本拠として使用されている家屋、入居者の募集が行われている家屋、随時その所有者等の居住の用に供されている家屋に限定されており、その宿泊日数も制限されており、当該民泊の性質や事業規模・期間などを踏まえると、原則として所得は事業から生じていないと考えられるためとされています。

もっとも、「住宅宿泊事業法に規定する住宅宿泊事業により生じる

15 国税庁「住宅宿泊事業法に規定する住宅宿泊事業により生じる所得の課税関係等について（情報）」1．所得区分

所得の課税関係等について（情報）」によると、専ら民泊新法による民泊からの所得によって生計を立てているなど、その民泊が、所得税法上の事業として行われることが明らかな場合には、当該所得は事業所得に該当すると説明されており、民泊新法による民泊が、必ず雑所得になるとは整理されていません。

原則として雑所得で、「事業として行われることが明らかな場合」は事業所得とする国税庁見解について、民泊新法上の営業日数制限（上限180日で、さらに条例によって制限される可能性があります。）が、事業性の判断に相当程度影響を与えているものと考えられます。

したがって、納税者の視点からは、営業日数の制約を踏まえつつ、他の経済活動と同様に、自己の計算と危険において独立して営まれ、営利性、有償性を有し、反覆継続して遂行し、社会的地位が客観的に認められる業務から生ずる所得であるか等の観点から、個々人の状況に応じて判断することになると考えます。

ⅱ　必要経費の計算[16]

例えば、水道光熱費などは、民泊における業務利用と生活利用の両方に関わりがあり、このような費用を一般に家事関連費と呼びます。家事関連費は、取引の記録等に基づいて、業務の遂行上直接必要であった部分が明らかに区分できる場合のその部分に相当する金額に限定されます。

例えば、以下のように、住宅宿泊事業における届出書等に記載した事業に利用している部分の床面積の総床面積に占める割合や実際に宿泊客を宿泊させた日数を基にするなど、合理的な方法により按分して計算する必要があるとされています。

16 国税庁「住宅宿泊事業法に規定する住宅宿泊事業により生じる所得の課税関係等について（情報）」3．必要経費の計算例　①（水道光熱費等）②（減価償却費）

水道光熱費の区分計算例
○住宅宿泊事業の状況 ①　住宅宿泊事業に利用した住宅で支出した水道光熱費の年間合計額　240,000円 ②　住宅宿泊事業に利用した住宅の床面積　180㎡ ③　②のうち、主に住宅宿泊事業に利用している部分の床面積　60㎡ ④　１年間で実際に宿泊客を宿泊させた日数　90日 《計算例》 240,000円×60㎡／180㎡×90日／365日 ＝19,727円（必要経費に算入する水道光熱費の金額） ※　１円未満の単数が発生する場合は、切り上げして差し支えありません。

（出典：国税庁「住宅宿泊事業法に規定する住宅宿泊事業により生じる所得の課税関係等について（情報）」）

また、減価償却費を必要経費として計上する場合についても、以下のような計算例が示されています。住宅宿泊事業における届出書等に記載した事業に利用している部分の床面積の総面積に占める割合や住宅宿泊事業を行っていた日数を基礎にするなど、合理的な方法により按分計算を行う必要があるとされています。

家屋に係る減価償却費の区分計算例（平成31年分）
○　家屋の状況 ①　取得価額　18,000,000円　　②　取得年月日　平成20年１月 ③　構造　木造（耐用年数22年、償却率0.046） ④　期首（平成31年１月１日）における未償却残高　12,475,800円 ※　未償却残高がない場合、減価償却費は必要経費に算入できません。 ○　住宅宿泊事業の状況 ①　住宅宿泊事業に利用した住宅の床面積　180㎡ ②　①のうち、主に住宅宿泊事業に利用している部分の床面積　60㎡

③　１年間で住宅宿泊事業を行っていた月数（開業期間）　10ヶ月

≪計算例≫

18,000,000円×10ヶ月／12ヶ月×0.046×60㎡／180㎡＝230,000円

※　１円未満の端数が発生する場合は、切り上げして差し支えありません。

（出典：国税庁「住宅宿泊事業法に規定する住宅宿泊事業により生じる所得の課税関係について（情報）」より一部加工）

なお、減価償却資産を生活用から業務用に転用した場合の期首未償却残高は、以下の計算式により算出されます。

（減価償却資産の取得価額）－（減価償却資産の耐用年数を1.5倍した年数（１年未満の端数は切り捨て）に基づき旧定額法で計算した金額）×（非業務用期間の年数（６か月以上は１年））

上記計算例（旧定率法）では、18,000,000円－（18,000,000円×0.031×0.9×11年）＝12,475,800となり、未償却残高があるため、減価償却費の計上が可能となります。0.031は、耐用年数22年を1.5倍した33年の償却率です。耐用年数を1.5倍するのは、業務用転用に係る期首未償却残高の計算を行うためであり、実際の必要経費に算入する減価償却費を計算する際は、通常通り耐用年数を1.5倍せずに計算を行います。

ⅲ　住宅借入金等特別控除の利用制限[17]

住宅借入金等特別控除を受けている住居について、民泊に供した場合、住宅借入金等特別控除の利用が制限されます。

住宅借入金等特別控除とは、個人が住宅ローン等を利用してマイホームの新築、取得又は増改築等をした場合で、一定の要件を満たすときは、その取得等に係る住宅ローン等の年末残高の合計額等を基と

17 国税庁「住宅宿泊事業法に規定する住宅宿泊事業により生じる所得の課税関係等について（情報）」５．住宅借入金等特別控除の適用関係

して計算した金額を、各年分の所得税額から控除できる制度です。

住宅借入金等特別控除は、一般に節税効果の高い仕組みであり、自己所有物件で民泊を行っている場合、当該物件で住宅借入金等特別控除の適用を受けていることが多々あります。

住宅借入金等特別控除の適用要件には、床面積の２分の１以上に相当する部分を専ら自己の居住の用に供しているというものがあります。そのため、住宅借入金等特別控除対象の住居を民泊に利用した場合、民泊に利用している部分が２分の１を超えるか否かで適用の可否を判断します。

ここで、「住宅宿泊事業法に規定する住宅宿泊事業により生じる所得の課税関係等について（情報）」によると、利用の態様は以下の４つに分類されます。

a　民泊に利用しない生活用部分
b　民泊にのみ利用する業務用部分
c　生活用にも業務用にも利用する併用部分のうち、主に生活用として利用する部分
d　生活用にも業務用にも利用する併用部分のうち、主に業務用として利用する部分

上記ａとｃの部分（面積）の合計の占める割合が、総床面積の２分の１を超える場合、住宅借入金等特別控除を受けることができます。この場合の控除金額は、住宅借入金等の金額に、総床面積のうち生活用部分（ａとｃの合計）に占める割合を乗じた金額を基礎として計算されます。

すなわち、控除を受けることができる場合でも、民泊に利用している部分からは税額控除は受けられないという点に留意する必要があります。

なお、併用部分について、上記cとdの区分が困難な場合は、例えば、次のような計算式により、生活部分と業務用部分の面積を算出することが計算例として示されています。

○併用部分のうち主に生活用として利用する部分の面積の計算

$$\text{併用部分の面積}\times\frac{\text{①生活用部分の面積}}{\text{①生活用部分の面積}+\text{②業務用部分の面積}}$$

○併用部分のうち主に業務用として利用する部分の面積の計算

$$\text{併用部分の面積}\times\frac{\text{②業務用部分の面積}}{\text{①生活用部分の面積}+\text{②業務用部分の面積}}$$

住宅借入金等特別控除額の計算例

1　家屋の状況

家屋の総床面積　250㎡

①　住宅宿泊事業に利用しない生活用部分　108㎡

②　住宅宿泊事業にのみ利用する業務用部分　72㎡

③　併用部分のうち主に生活用として利用する部分　42㎡

④　併用部分のうち主に業務用として利用する部分　28㎡

（併用部分　70㎡

うち主に生活用として利用する部分　70㎡×108㎡／(108㎡＋72㎡)

うち主に業務用として利用する部分　70㎡×　72㎡／(108㎡＋72㎡)）

2　生活用部分の面積

①　108㎡＋③42㎡＝150㎡

3　住宅借入金等特別控除の適用判定

150㎡≧125㎡（家屋の総床面積250㎡の２分の１）

∴　①と③の合計が総床面積（250㎡）の２分の１以上であるため、住宅借入金等特別控除の適用が可能

⇒　住宅借入金等特別控除の控除額は、住宅借入金等の金額に、総床面積のうち生活用部分の占める割合（60%：150㎡／250㎡）を乗じた金額を基礎として計算します。

（注1）通常居住の用に供している家屋を特定の期間（年間合計で1か月未満程度）に限って住宅宿泊事業に供している場合には、その家屋の全体を「生活用部分」として、住宅借入金等特別控除を適用しても差し支えありません。

（注2）固定資産税や住宅借入金の利子の金額を必要経費に算入する場合にも、生活用部分と業務用部分を合理的に区分する必要があります。

上記の例のような場合には、生活用部分が150㎡、業務用部分が100㎡と考えられますので、固定資産税等の金額に業務用割合40%（100㎡／250㎡）を乗じた金額を必要経費に算入して差し支えありません。

また、上記の例における減価償却費の金額は、「主に住宅宿泊事業に利用している部分の床面積」を100㎡として計算することになります。

（出典：国税庁「住宅宿泊事業法に規定する住宅宿泊事業により生じる所得の課税関係について（情報）」）

iv　民泊に利用している居住用家屋を譲渡した際の特別控除の制限[18]

居住用家屋を譲渡した際、要件を満たした場合には、3,000万円の特別控除を受けることができ、一般にマイホームを売却した際の特例と理解されることもあります。すなわち、マイホーム（居住用財産）を売却した際、所有期間の長短に関係なく譲渡所得から最高3,000万円まで控除ができる特例です。

居住用財産の3,000万円の特別控除は、a「現に居住の用に供している家屋」を譲渡するか、b「居住の用に供さなくなった家屋」を、居住の用に供さなくなった日以後3年を経過する日の属する年の12月31日までに譲渡する場合に適用を受けることができます。

したがって、譲渡した民泊に利用している家屋が、a「現に居住の用に供している家屋」である場合には、原則として、居住用財産の3,000万円の特別控除の適用を受けることができます。

ただし、その家屋のうちに、居住の用以外の用に供している部分があるとき、居住用財産の3,000万円の特別控除の適用対象となるのは、居住の用に供している部分に限られます。居住の用に供しているかど

18 国税庁「住宅宿泊事業法に規定する住宅宿泊事業により生じる所得の課税関係等について（情報）」6．居住用財産の3,000万円の特別控除の適用関係

うかは、その家屋の構造や設備の状況及び実際の利用状況などを総合勘案して判断します。

また、譲渡した民泊に利用している家屋が、b「居住の用に供さなくなった家屋」である場合には、その譲渡が居住の用に供さなくなった日以後３年を経過する日の属する年の12月31日までに行われたときは、原則として、居住用財産の3,000万円の特別控除の適用を受けることができます。

なお、この場合、居住用財産の3,000万円の特別控除の適用に当たっては、居住の用に供さなくなった後の家屋の利用状況は問題とならないとされています。

v　民泊における消費税の諸論点

まず、民泊新法による民泊から受け取る宿泊料は、ホテルや旅館などと同様に消費税の課税対象となるとされています。この点、当課税期間の基準期間（個人事業者は前々年、法人は前々事業年度）における課税売上高が1,000万円以下の場合、当課税期間は原則として免税事業者に該当しますので、消費税の申告・納税義務はないことになります。

次に、掲載料を支払って、Webサイト等に自己が所有する物件の掲載をする場合についてです。課税事業者の場合、国内事業者への掲載料の支払は、住宅宿泊事業者における課税仕入として、仕入税額控除の対象となります。

この点、国外事業者への支払は注意が必要です。民泊サイトは、海外の旅行客向けのものもあり、国外事業者へ掲載料を支払うケースも十分に想定されます。課税事業者の国外事業者への支払は、リバースチャージに留意しつつ、以下の２つの対応が必要となります。（詳細は、本章２(6)③を参照。）

a　一般課税で申告する場合で課税売上割合が95％以上の場合又は簡易課税制度を適用している場合、支払った掲載料は、仕入税額控除の対象となりません。

b　一般課税で申告する場合で課税売上割合が95％未満の場合（a以外の場合）、支払った掲載料は、仕入税額控除の対象となるとともに、同額をリバースチャージ方式により課税標準額に加算して申告・納税する必要があります。

③ プラットフォーマーが国外事業者である場合の消費税の取扱い

国外事業者が国内向けに提供するサービスは、一般に不課税取引とされますが、平成27年度税制改正によって、電気通信回線（インターネット等）を介して国内向けに提供される電子書籍の配信等の役務提供を「電気通信利用役務の提供」と位置付け、原則として国内取引として消費税の課税対象とされました。

したがって、国外事業者から、電気通信利用役務の提供に該当するサービスを国内で購入する場合、通常の海外取引とは異なり、消費税の課税取引となる点に留意が必要です。

具体的には、シェアプラットフォーマーが国外事業者である場合、プラットフォーマーに対する手数料等の支払に関する消費税の取扱いに留意が必要と考えます。

i　国境を越えた役務の提供に係る消費税の課税

消費税は、国内において事業者が行った資産の譲渡等及び特定仕入に対して課税されます（消法4①）。そのため、国内事業者が国内向けに提供するサービスは、原則として、消費税の課税対象取引となります。一方で、この定義に当てはめると、国外事業者が国内向けに提供するサービスは、課税対象とならないことになります。

例えば、国外事業者が提供する電子書籍サービスや音楽配信サービス（Kindle[19]やAppleMusic[20]など）がこれに該当し、過去、不課税取引とされてきました。この点、同種同等のデジタルコンテンツを購入する日本の消費者の間の税負担の公正性が阻害され、事業間の競争条件を歪めるなどという問題点が指摘されます[21]。

その結果、平成27年度税制改正によって、課税取引として扱われることとなりました。すなわち、電気通信回線（インターネット等）を介して国内の事業者・消費者に対して行われる電子書籍の配信等の役務の提供（「電気通信利用役務の提供」）については、国外から行われるものも、国内取引として消費税が課税されることとされています。

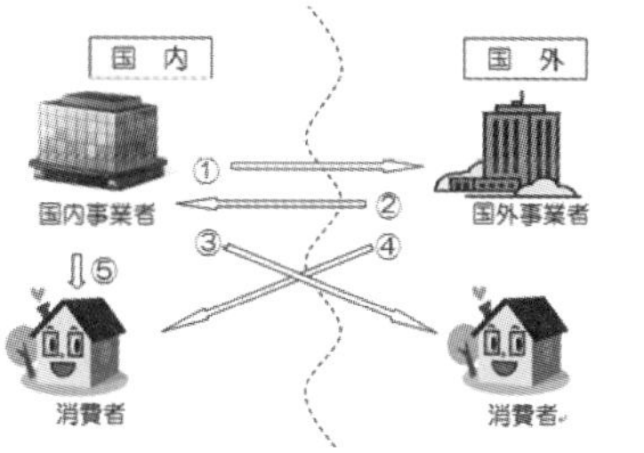

取引	改正前	改正後
①	国内取引：課　税	国外取引：不課税
②	国外取引：不課税	国内取引：課　税
③	国内取引：課　税	国外取引：不課税
④	国外取引：不課税	国内取引：課　税
⑤	国内取引：課　税	国内取引：課　税

※　改正前の取引①及び③は、輸出証明書の保存などの所定の要件を満たすことで輸出免税の対象となります。

（出典：国税庁「国境を超えた役務の提供に係る消費税の課税関係について」）

ii　電気通信利用役務の提供

電気通信利用役務の提供には、対価を得て行われる取引で、以下のようなものが該当します（消法2①八の三、消基通5－8－3）。

a　インターネットを介した電子書籍の配信
b　インターネットを介して音楽・映像を視聴させる役務の提供
c　インターネットを介してソフトウエアを利用させる役務の提供

19 Kindleは、Amazon ServicesLLC及び／又はその関連会社の商標です。
20 AppleMusicは、Apple Inc.の商標です。
21 財務省主税局税制二課「国境を越えた役務の提供等に対する消費税の在り方について」2013年11月

d　インターネットのWebサイト上に他の事業者等の商品販売の場所を提供する役務の提供

e　インターネットのWebサイト上に広告を掲載する役務の提供

f　電話、電子メールによる継続的なコンサルティング

この点、電気通信利用役務事業は、電気通信回線を介して行われる役務の提供を含むため（消法２①八の三)、シェアリングエコノミー向けのプラットフォームサービスをインターネットを通じて提供することもこれに該当するものと考えられます。

そのため、プラットフォーマーが国外事業者である場合、提供ユーザーや購入ユーザーがプラットフォーマーに手数料を支払う場合、消費税の課税対象取引となると考えられます。

ⅲ　事業者向け電気通信利用役務の提供

国外事業者が行う電気通信利用役務の提供のうち、役務の性質又は当該役務の提供に係る取引条件等から当該役務の提供を受ける者が通常事業者に限られるものが、「事業者向け電気通信利用役務の提供」とされています（消法２①八の四、消基通５－８－４)。

例えば、民泊の仲介を行う海外プラットフォーマーへの手数料（掲載料）の支払は、通常、「事業者向け電気通信利用役務の提供」の対価の支払に該当するものとされています。そのため、国内で民泊サービスを提供する課税事業者が、海外プラットフォーマーに手数料を支払う場合の消費税の取扱いに留意が必要です。

国外事業者が行う「事業者向け電気通信利用役務の提供」については、当該役務の提供を受けた国内事業者に申告納税義務が課されます（リバースチャージ方式)。

なお、リバースチャージ方式は、経過措置により、当分の間は、当

該課税期間について一般課税により申告する場合で、課税売上割合が95%未満である事業者にのみ適用されます。

課税売上割合が95%以上の事業者や簡易課税制度が適用される事業者は、「事業者向け電気通信利用役務の提供」を受けた場合であっても、その役務の提供に係る仕入はなかったものとされ、消費税の確定申告では、当該仕入は課税標準額、仕入控除税額のいずれにも含まれないことになります。

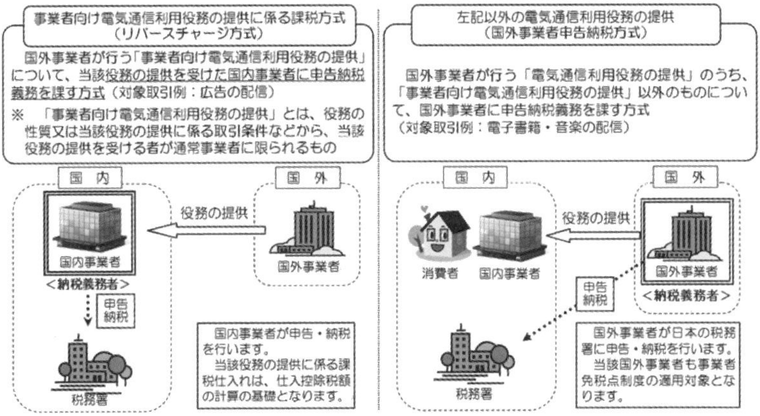

(出典:国税庁「国境を越えた役務の提供に係る消費税の課税関係について」)

④ 適格請求書等保存方式(インボイス制度)の導入

2023年10月1日より、適格請求書等保存方式(いわゆるインボイス制度)が導入されます。適格請求書(インボイス)とは、売手が買手に対して、正確な適用税率や消費税額等を伝えるものです。

具体的には、現行の「区分記載請求書」に「登録番号」、「適用税率」及び「消費税額等」の記載が追加された書類やデータをいいます[22]。イ

22 国税庁 「インボイス制度の概要」
https://www.nta.go.jp/taxes/shiraberu/zeimokubetsu/shohi/keigenzeiritsu/invoice_about.htm

ンボイスの登録を行った事業者は、買手である取引相手（課税事業者）から求められたときは、インボイスを交付しなければなりません。また、交付したインボイスの写しを保存しておく必要があります。

買手は仕入税額控除の適用を受けるために、原則として、取引相手（売手）である登録事業者から交付を受けたインボイスの保存等が必要となります。

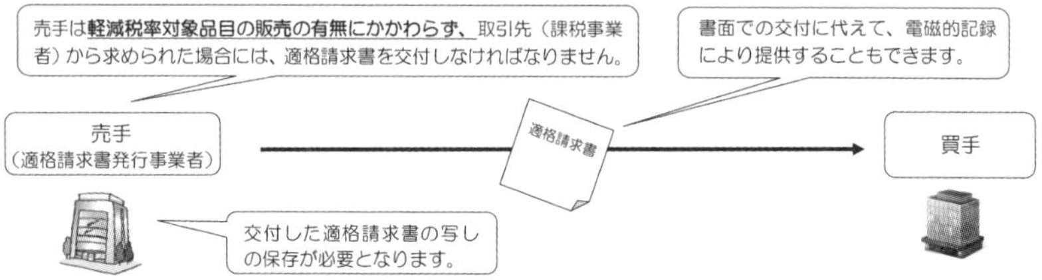

（出典：国税庁「消費税の仕入税額控除の方式として適格請求書等保存方式が導入されます」）

インボイス制度の下では、消費税の仕入税額控除が、適格請求書発行事業者からの仕入に限定されます。シェアサービスの提供ユーザーは、一般にフリーランスや副業としての利用シーンも多く、免税事業者が多数含まれていると考えられます。このような属性のユーザーにとっては、適格請求書発行事業者の登録を行うかどうかが関心事となります。

以下、提供ユーザーの適格請求書発行事業者となるか否かの検討や適格請求書発行事業者となる場合の追加検討事項について説明します。

ｉ　適格請求書発行事業者となるか否かの検討

提供ユーザーが適格請求書発行事業者になることで、購入ユーザーへ仕入税額控除を適用できるメリットを提供できます。

インボイス制度導入前の現行制度下では上記の制限がなく仕入税額控除を適用できていた点を勘案すると、制度導入後、適格登録事業者以外のユーザーからの継続購入は、値下げを行わない限り、購入ユーザーにとって実質的な値上げを意味します。したがって、従来の価格競争力を維持する点を重視して提供ユーザーが適格請求書発行事業者の登録を行うということが考えられます。

一方、購入ユーザーによるシェアサービス購入の決定要素は、仕入税額控除の有無のみではなく、提供されるサービスの質など多くのものを含みます。また、そもそも想定される購入ユーザー層が一般消費者であるなどの状況で、仕入税額控除を適用できるかどうかが気にならない場面も想定されます。

そして、従来免税事業者として活動していた提供ユーザーが、適格請求書発行事業者登録を行うと、消費税の課税事業者になり消費税を納付することになるため、手取収入減となるという点も留意が必要です。さらに、適格請求書発行事業者になり新たに消費税の申告・納税に対応するという点も、不慣れな納税者にとっては実務上も大きな負担となります。

以上のような点を考慮しつつ、提供ユーザー自身の働き方や活動スタイルも勘案して、適格請求書発行事業者の登録を行うかどうかを判断をすべきと考えます。

ii　適格請求書発行事業者となる場合の追加検討事項

免税事業者であった提供ユーザーが、インボイス制度に対応して、適格請求書発行事業者の登録を行う場合、簡易課税制度の利用をあわせて検討すべきと考えます。

簡易課税制度は、中小事業者の納税事務負担に配慮する観点から、事業者の選択により、売上に係る消費税額を基礎として仕入に係る消費税額を算出することができる制度です。簡易課税制度の選択届出書を提出した課税事業者は、その基準期間（個人事業者は前々年、法人は前々事業年度）における課税売上高が5,000万円以下の課税期間について、売上に係る消費税額に、事業の種類の区分（事業区分）に応じて定められたみなし仕入率を乗じて算出した金額を仕入に係る消費税額として、売上に係る消費税額から控除することになります[23]。簡易課税制度上の事業区分とみなし仕入率は、以下の通りです。

簡易課税制度上の事業区分とみなし仕入率[24]

事業区分	みなし仕入率
第１種事業（卸売業）	90%
第２種事業（小売業、農業・林業・漁業（飲食料品の譲渡に係る事業に限る。））	80%
第３種事業（農業・林業・漁業（飲食料品の譲渡に係る事業を除く。）、鉱業、建設業、製造業、電気業、ガス業、熱供給業及び水道業）	70%
第４種事業（第１種事業、第２種事業、第３種事業、第５種事業及び第６種事業以外の事業）	60%
第５種事業（運輸通信業、金融業及び保険業、サービス業（飲食店業に該当するものを除く。））	50%
第６種事業（不動産業）	40%

ここでは、スキルシェアサービスを提供するユーザーが簡易課税制度を利用する場合を考えます。スキルシェアサービスは、一般にサービス業として、第５種事業に該当し、50%のみなし仕入率が該当すると考えられます。

課税売上が500万円のフリーランスを想定した場合、500万円×消費税率10%＝50万円が売上に係る消費税です。また、仕入等に係る消費税は、売上に係る消費税50万円×みなし仕入率50%＝25万円となります。その結果、納付すべき消費税は、売上に係る消費税50万

23 前掲注22に同じ
24 国税庁「タックスアンサー No.6505 簡易課税制度」
https://www.nta.go.jp/taxes/shiraberu/taxanswer/shohi/6505.htm

円－仕入等に係る消費税25万円＝25万円となります。

ここで、実際の仕入等から生じる消費税額が25万円以下である場合、実際の消費税純額よりも、みなし仕入率で計算した納付消費税額が小さくなり、納税者にとって有利な状況となります（手残りが生じます）。言い換えると、みなし仕入税率50％が前提とする利益率50％を上回る利益率で事業を行っている場合、簡易課税制度を利用することが納税者にとって有利となります。

したがって、免税事業者である提供ユーザーが、適格請求書発行事業者の登録を行う場合、簡易課税制度の適用によるメリットを享受できるか検討を行うことが考えられます。私たち税理士が適格請求書発行事業者登録の相談を受けた場合は、適格請求書発行事業者登録の実務のみならず、簡易課税制度の利用についてもアドバイスすることが納税者にとって有用ではないかと考えます。

COLUMN　**インボイス制度導入で大混乱!?**

2021年10月より適格請求書発行事業者登録が開始されて以降、インボイス制度に関する様々な記事がネットで散見され、中には過度に不安を煽るようなものも見受けられます。

またSNS等でも不正確な情報が拡散されるなど、ある種の盛り上がりを感じます。このような状況の中、フリーランスや中小事業者などを中心とした免税事業者の方々の相談に、私たち現場の税理士は、いたずらに不安を煽ることなく、冷静に対応していく必要があるのではないかと考えます。

３　サービス購入ユーザーの税務

購入ユーザーは、シェアサービスの提供を受け対価を支払う側です。そのため、シェアサービスから所得を得ることはなく、基本的に、法人税や所得税の課税の議論は生じません。

この点、シェアサービス提供の対価の支払が業務に関連するものであれば、売上原価や販売及び一般管理費への計上を通じて、法人税計算上の損金や、所得税計算上の必要経費として取り扱われます。

ただし、一定の条件に該当した際、購入ユーザーに所得税の源泉徴収義務が生じる点に留意が必要です。また、一部の海外取引についても源泉徴収義務が生じることがあります。そのため、シェアサービスと源泉徴収について説明していきます。

なお、お金のシェアのうち、投資型クラウドファンディングについては、資金提供側のユーザーで所得が生じるケースもあります。そのため、投資型クラウドファンディングについても補足説明を行います。

（1）国内取引に関する源泉徴収

報酬・料金に対する源泉徴収義務は、①販売/購入ユーザーの属性、②取引の内容の２点から整理されます。

① 販売/購入ユーザーの属性

まず、源泉徴収が生じる取引については、販売ユーザーが個人である場合です。また、基本的に購入ユーザー（報酬の支払者）が法人であることが要件となります。

そのため、購入ユーザーが個人の場合は、原則として源泉徴収対象から外れます[25]。したがって、シェア取引のマッチングの態様がCtoBとなるとき（個人が法人へ販売するとき）、源泉徴収対応となるか取引内容の検討が必要となります[26]。

		購入ユーザー	
		個人	法人
販売ユーザー	個人	なし	源泉徴収対象 となるか 取引内容を検討
	法人	なし	なし

②　取引の内容

源泉徴収対応の対象となるのは、所得税法第204条で規定される以下の取引に関する報酬です。

i　原稿料・デザイン・講演料等（所法204①一）

ii　特定の士業に対する報酬（所法204①二）

iii　社会保険診療報酬（所法204①三）

iv　プロスポーツ選手に対する報酬（所法204①四）

v　映画・演劇・ラジオ・テレビに係る出演、演出に対する報酬（所法204①五）

vi　ホステス等に対する報酬（所法204①六）

vii　プロ野球選手等に対する契約一時金等（所法204①七）

---

25 ただし、報酬・料金等の支払者が個人であっても、給与等の支払者であるとき（ただし、常時2人以下の家事使用人のみに対する給与の支払者であるときを除きます。）は、源泉徴収義務者となります。

26 馬主である法人に支払う競馬の賞金は源泉徴収対象となります。この点、馬主の賞金はシェアサービスとの関連が薄いと考えられるため、ここでの議論からは除外し、本文では法人への支払は源泉徴収が生じないとして説明を行っています。

ⅷ　広告賞金・馬主賞金（所法204①八）

この中でもシェアサービスとの関連性が高い取引は、ⅰ原稿料・デザイン・講演料等、及びⅱ特定の士業に対する報酬となります。以下、この2つを見ていきます。

まず、所得税法第204条第1項第1号により、原稿、さし絵、作曲、レコード吹込み又はデザインの報酬、放送謝金、著作権（著作隣接権を含みます。）又は工業所有権の使用料及び講演料並びにこれらに類するもので政令で定める報酬又は料金とされています。

また、所得税法施行令第320条第1項第1号により、テープ若しくはワイヤーの吹込み、脚本、脚色、翻訳、通訳、校正、書籍の装てい、速記、版下（写真製版用写真原板の修整を含むものとし、写真植字を除きます。）若しくは雑誌、広告その他の印刷物に掲載するための写真の報酬若しくは料金、技術に関する権利、特別の技術による生産方式若しくはこれらに準ずるものの使用料、技芸、スポーツその他これらに類するものの教授若しくは指導若しくは知識の教授の報酬若しくは料金又は金融商品取引法第28条第6項（通則）に規定する投資助言業務に係る報酬若しくは料金とされています。

また、所得税法第204条第1項第2号により、弁護士（外国法事務弁護士を含みます。）、司法書士、土地家屋調査士、公認会計士、税理士、社会保険労務士、弁理士、海事代理士、測量士、建築士、不動産鑑定士、技術士その他これらに類する者で政令で定めるものの業務に関する報酬又は料金とされています。

そのため、シェアサービスとの関連では、例えば、スキルシェアサービスやクラウドソーシングサービスを利用した、原稿執筆、イラスト作成、デザイン、翻訳、通訳、技芸・スポーツの指導・教授や税理士相談などが、源泉徴収の対象取引に該当すると考えられます。

したがって、上記①を勘案すると、個人ユーザーが法人ユーザーへ販売を行い、取引内容が上記に該当するような場合に、源泉徴収義務が発生するものと考えられます。源泉徴収義務が生じた場合の源泉徴収税率は、所得税及び復興特別所得税を合わせて、報酬のうち100万円以下の部分は10.21%、100万円超の部分は20.42%となります。

購入ユーザーは、源泉徴収税率を乗じた金額を手元に留保し、源泉徴収控除後の残額を提供ユーザーに支払います（通常は、決済代行会社やプラットフォーマーを通じて支払が行われます。）。そして、留保した源泉徴収額を、納付することになります。

(2) 海外取引に関する源泉徴収

海外居住者（非居住者又は外国法人）に対して、国内で一定の報酬を支払う場合、源泉徴収義務が生じます。

例えば、海外居住者が日本国内に不動産を所有しており、この不動産を借り受け、日本国内で賃借料を支払う場合が挙げられます（所法161①七）。ただし、この場合でも、不動産の賃借料の支払者が個人であり、かつ土地、家屋等を親族の居住のために借りた場合は、源泉徴収をする必要はないとされています（所令328二）。

シェアサービスとの関連では、例えば、スペースのシェアを行う国内プラットフォーム上で、海外に居住するユーザーが所有する国内マンションの一室を時間借りするような場合、報酬の支払が源泉徴収義務の対象になるものと考えられます。

もっとも、スペースのシェアは、通常、居住利用とは考え難く、個人が居住用に借りた場合に源泉徴収不要となる例外規定には該当しにくいと考えられます。

(3) 投資型クラウドファンディングにおける資金提供者の税務

ここでは、投資型クラウドファンディングについて見ていきます。第1章で概説した通り、クラウドファンディングは、お金のシェアとして位置付けられ、購入型クラウドファンディング、寄附型クラウドファンディング、投資型クラウドファンディングなどに分類されます。(詳細は、第1章3 (5) 参照。)

購入型クラウドファンディングや寄附型クラウドファンディングについては、本章2 (5) ⑤において、主に起案者（提供ユーザー）の観点から課税関係を説明しました。一方、投資型クラウドファンディングについては、通常のシェアサービスとは異なり、ユーザー間の取引は、資金提供者と資金調達者の関係で整理されます。通常のシェアサービスでは、お金の出し手は、購入ユーザーとなりますが、投資型クラウドファンディングでは、資金提供者に相当します。以下、投資型クラウドファンディングを融資型と株式型に分類し、主に資金提供者の税務の観点から説明していきます。

① 融資型クラウドファンディング

融資型クラウドファンディングは、お金を必要とするプロジェクトに借り手が不特定の投資家に融資を募り、資金提供者（投資家）がお金を融通し、利子（分配金）等を得る仕組みで、一般にソーシャルレンディングとも呼ばれます。ソーシャルレンディングは、資金を必要とするプロジェクトへ一般から広く資金を集める意義を有しているものの、近年、投資家への勧誘方法などの観点からプラットフォーム事業者に対する行政処分が散見され、信用の回復が急務となっています。

i　匿名組合を利用した融資型クラウドファンディングの仕組み

プラットフォーム事業者を通じて行われる取引は、匿名組合を利用した仕組みが見られます。この場合、資金調達者の視点から見ると文字通り融資（借入）と利息の支払が行われる一方で、資金提供者の視点から見ると、融資を目的として組成された匿名組合への出資と、匿名組合からの分配金の受領が行われることになります。匿名組合を利用した場合、融資を実際に実行するのは、営業者となることから、貸金業の登録は営業者のみに限定されます。投資家側での貸金業登録を不要とするように工夫された仕組みと言えます。以下、匿名組合を利用した融資型クラウドファンディングの流れを見ていきます。

a　匿名組合契約の締結、出資

プラットフォーム上で、プロジェクトが公開され、投資家からの出資を募ります。資金提供者（貸し手）としてプロジェクトに参画することを意思決定した投資家は、プラットフォーム事業者を営業者とする匿名組合契約を締結します。また、資金提供者（貸し手）は、匿名組合契約に基づき営業者へ出資を払い込みます。出資は一口数万円から設定されており、一般投資家から小口の資金を集める仕組みになっています。

b　金銭消費貸借契約の締結、融資

匿名組合の営業者であるプラットフォーム事業者は、資金の借り手と金銭消費貸借契約を締結し、融資を実行します。通常、融資実行時に、プラットフォーム事業者は、資金調達者（借り手）から融資実行手数料を徴収します。

c　元利金の返済

資金調達者（借り手）は、金銭消費貸借契約に従って、利息の支払や元本の支払を行います。なお、利率は各プロジェクトのリスク等が反映され、３％～13％程度に設定されています。

d　分配・償還

資金調達者から回収した利息や元本を原資として、匿名組合の営業者であるプラットフォーム事業者が資金提供者へ分配・償還を行います。なお、プラットフォーム事業者の報酬として利息に対して1.5％が徴収され、当該報酬を差し引いた残余が資金提供者への分配になる事例が見られます。

融資型クラウドファンディングの仕組み（匿名組合を利用）

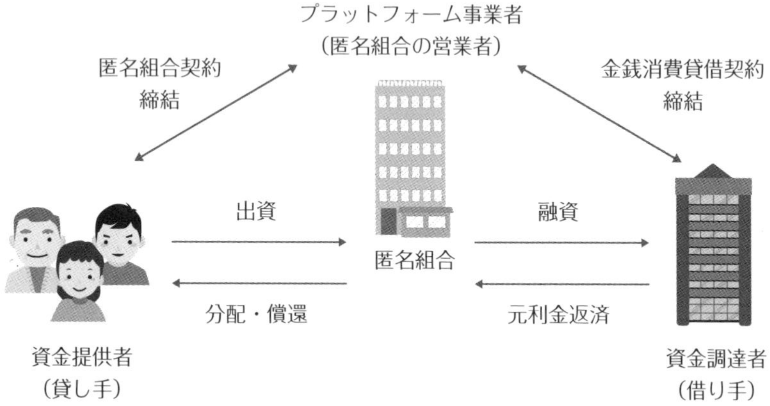

ii　匿名組合の性質

匿名組合契約は、当事者の一方が相手方の営業のために出資をし、その営業から生ずる利益を分配することを約する契約です（商法535）。ここでの一方の当事者は、匿名組合員と呼ばれ、相手方は営業者と呼ばれます。営業者は、契約に従い匿名組合員の出資を使用して営業を遂行する権利及び義務を負います。また、匿名組合契約により営まれる事業は、法律的には営業者の単独事業であって、匿名組合員の出資は営業者の財産に属し（商法536①）、匿名組合員には持分の観念はなく、営業者の行為につき第三者に対して権利義務を有することはありません（商法536④）[27]。

27 税務大学校論叢56号「パス・スルー課税のあり方－組合事業における組合員の課税関係とその諸問題－」111頁

すなわち、匿名組合自体は、権利義務の主体とはならず、匿名組合契約に基づいて営まれる組合事業に係る所得は、民法上の任意組合等の場合と異なり、匿名組合員に直接帰属せず、一旦は営業者に帰属することとなり、匿名組合員に対しては、営業者から分配される利益について課税されることになります[28]。以下、このことを前提に匿名組合を利用した融資型クラウドファンディングの課税関係を具体的に見ていきます。

ⅲ　匿名組合を利用した融資型クラウドファンディングの課税関係

融資型クラウドファンディングの資金提供者は、一般には個人であることが想定されます。個人の資金提供者が匿名組合を通じて営業者から受け取る利益の分配は、原則として雑所得とされています（所基通36・37共－21）。ただし、匿名組合員が、営業者の営む事業に係る重要な業務執行の決定を行っているなど組合事業を営業者とともに経営していると認められる場合には、当該匿名組合員が受ける利益の分配は事業所得となる余地があります（所基通36・37共－21）。この点、融資型クラウドファンディングの場合は、小口の資金を一般投資家から広く集めて多くの投資家が匿名組合に参画する性質上、個々の資金提供者が、営業者であるプラットフォーム事業者と共同で経営している状況は想定しづらいのではないかと考えます。

したがって、融資型クラウドファンディングのための匿名組合契約に基づいて個人が受け取る利益の分配は、雑所得として処理されるものと考えられます。

次に、営業者から受ける利益の分配の帰属の時期について考えます。個人組合員が営業者から受ける利益の分配の帰属の時期は、法人の場

28 国税庁「平成17年度税制改正及び有限責任事業組合契約に関する法律の施行に伴う任意組合等の組合事業に係る利益等の課税の取扱いについて（情報）」56頁

合のように明示はされていないものの、「平成17年度税制改正及び有限責任事業組合契約に関する法律の施行に伴う任意組合等の組合事業に係る利益等の課税の取扱いについて（情報)」において、「匿名組合契約の組合事業の損益計算上利益が生じた場合には、匿名組合員は利益配当請求権による利益の分配を請求することができるから、現実に利益の分配がなされておらず、それを留保することとした場合であっても、『収入すべき金額』は確定しているものであり、当該金額が総収入金額に算入される」[29]との見解が示されています。この見解に沿うと、分配を受けるべき損益の帰属の時期は、組合の計算期間の末日となるものと想定されています[30]。

例えば、匿名組合上の決算が12月決算であり、翌年1月に利益の分配を受けるような場合、実際に利益の分配を受けていなくとも12月末までの課税所得計算上の雑所得として当該利益を含める必要が出てくると考えられます。もっとも、一般的な、ソーシャルレンディングサービスでは、毎月分配が行われることが多く、実際上は、12月分の分配利益の期間帰属に留意が必要になってくるものと考えられます。

続いて、融資型クラウドファンディングの資金提供者が法人である場合を考えます。法人が、匿名組合員である場合、匿名組合から生じた利益や損失は、現実の利益や損失の配分･負担の有無にかかわらず、契約により計算される分配・負担の金額を、組合の計算期間の末尾の属する事業年度の益金又は損金にすることとされています（法基通14－1－3)。個人の場合と違い、損益の期間帰属を含め取扱いが明

29 国税庁「平成17年度税制改正及び有限責任事業組合契約に関する法律の施行に伴う任意組合等の組合事業に係る利益等の課税の取扱いについて（情報)」57頁

30 税務大学校論叢56号「パス・スルー課税のあり方－組合事業における組合員の課税関係とその諸問題－」125頁

確にされています。

なお、居住者又は内国法人に対する匿名組合契約に基づく利益の分配に際しては、営業者に源泉徴収義務が課せられています（所法210、所令288）。そのため、資金提供者（貸し手）は、プラットフォーム事業者からの利益分配時に20.42％（復興特別所得税を含みます。）の源泉所得税を控除された残額を受け取ります。その上で、支払った源泉所得税は、確定申告により精算されることになります。

② 株式型クラウドファンディング

株式型クラウドファンディングは、非上場株式の発行により、インターネットを通じて多くの人から少額ずつ資金を集める仕組みです。新規・成長企業へのリスクマネーの円滑な供給に資することを目的として、金融商品取引法等の改正及び日本証券業協会の自主規制規則の整備により、2015年５月に創設された非上場株式の発行を通じた資金調達を行うための制度です[31]。

これまで、旺盛な資金需要がある未上場スタートアップ企業への投資機会は、ベンチャーキャピタルなど非常に限られたプレーヤーのみが得ることができる状況でしたが、株式型クラウドファンディングを利用することにより、未上場のスタートアップ企業へ投資の門戸が広がっています。また、スタートアップ企業からも新たな資金調達の選択肢として近年注目を浴びています。株式型クラウドファンディングでは、株式等の金融商品を取り扱うことになるため、金融商品取引法の規制対象となり、投資の勧誘に当たっては、金融商品取引業者として登録を受ける必要があります。

31　日本証券業協会「株式投資型クラウドファンディング　制度概要」
https://market.jsda.or.jp/shijyo/kabucrowdfunding/seido/gaiyou/index.html

ⅰ　株式型クラウドファンディングの仕組み

a　発行体の審査

資金ニーズのある事業者からの申込に基づき、プラットフォーム事業者は、クラウドファンディング業務で取扱いを行うとする有価証券や発行体に対して、発行体や事業の実在性、財政状況、事業計画、事業継続体制、発行体の有価証券に投資するに当たってのリスク、資金使途などの項目について、定められた手続に従って審査を行います。

b　投資の勧誘

プラットフォーム事業者は、審査を通過した案件について、自社サイト上で、投資の勧誘を行います。投資家は、クラウドファンディングWebサイト上で投資の申込を行います。なお通常、募集案件には、目標募集金額や上限応募金額が設定されます。目標募集金額は、案件成立に必要な最低限の募集金額です。目標募集金額を下回った場合、当該案件は不成立となります。また、上限応募金額は、案件に対して資金調達を行うことができる上限です。目標金額を上回る応募があり案件が成立した場合、上限応募金額に達した段階で募集が締め切られることになります。

c　出資・株式発行

投資家からの申込が、目標募集金額に達成した場合、案件が成立し、払込と株式の取得が行われます。株式型クラウドファンディングでは、新株予約権の引受として投資が実行される場合もあります。新株予約権を利用した資金調達は、通常のベンチャー投資においても利用されることがある手法です。ここでの新株予約権とは、権利の保有者が会社に対し権利行使することにより、会社からあらかじめ定められた条件で新株あるいは会社の有する自己株式を取得することのできる権利のことです[32]。新株予約権を利用した資金調達では、新株予約権者は、次回以降の調達ラウンドにおいて、あらかじめ定められた金額以上の資金調達が実現した場合に、権利行使を行い、転換価格のディスカウントを受けて株式の取得ができるような仕組みになっています。将来の株式購入を、現時点で予約引受することでディスカウント（20％等）を享受する仕組みです。

d　報酬の支払

発行体は、通常、審査料（定額）や募集取扱業務手数料（発行総額に対して20％程度）をプラットフォーム事業者に支払います。出資者は、出資の払込に際しての振込手数料を負担するのみで、プラットフォーム事業者に対して追加的な報酬負担を負わないことが一般的です。

株式型クラウドファンディングの仕組み

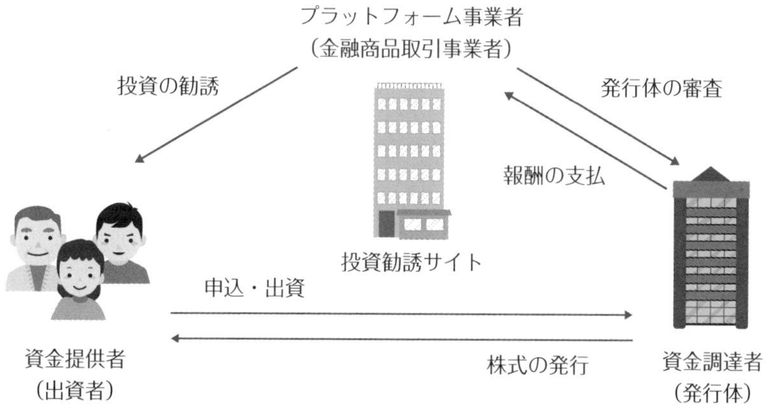

ii　株式型クラウドファンディングの課税関係

株式型クラウドファンディングへの出資から生じる収益は、受取配

32 日本証券業協会「新株予約権」 https://www.jsda.or.jp/about/jishukisei/words/0163.html

当金と株式譲渡による譲渡益が考えられます。

まず出資者である個人が、非上場株式に関する配当金を受け取る場合、配当所得に区分され、非上場株式に関する税率20.42%（所得税及び復興特別所得税）で源泉徴収が行われるものと考えられます。また、配当所得は原則として総合課税の対象となる所得のため、確定申告の対象となります。

この点、非上場株式については、一回に支払を受ける配当額が、10万円（正確には10万円×配当期間の月数÷12）以下の場合、確定申告不要制度を選択可能です。確定申告不要制度を選択した場合、源泉徴収税額が最終税額となります。出資先が上場を果たし、上場会社から配当金を受け取る場合、源泉徴収税率は、20.315%（所得税、復興特別所得税及び住民税）となります。上場株式に係る配当金も、確定申告不要制度の選択が可能ですが、総合課税によらず他の所得金額と区分して税金を計算する申告分離制度を選択することもできます。

次に、株式譲渡による譲渡益に対する課税について見ていきます。個人が非上場株式の譲渡から得る所得は、20.315%（所得税、復興特別所得税及び住民税）の税率で課税されます。非上場株式の譲渡損益は、申告分離課税として取り扱われます。また、出資先が上場を果たし、上場株式から譲渡益を得る場合も、非上場株式と同様に20.315%の税率で課税され、申告分離制度の対象となります。

この点、上場株式の譲渡益は、配当と同様に特定口座を利用し源泉徴収が行われる場合、確定申告不要制度を選択し、源泉徴収額をもって最終税額とすることができます。なお、非上場株式に係る譲渡損益は、一般株式等に係る譲渡所得等の金額として分類され、上場株式等に係る譲渡所得等の金額とは別の申告分離課税とされます。そのため、非上場株式と上場株式の譲渡損益を通算して所得を計算することはできない点に留意が必要です。

最後に、エンジェル税制について見ていきます。株式型クラウドファンディングを利用して資金調達を行う企業は、創業期である場合も多く、エンジェル税制の適用対象となる募集案件が含まれます。プラットフォーム上でも、エンジェル税制の適用可能な案件は、この点が明示されて投資の勧誘が行われていることがあります。エンジェル税制とは、ベンチャー企業への投資を促進するためにベンチャー企業へ投資を行った個人投資家に対して税制上の優遇措置を行う制度です。ベンチャー企業に対して、個人投資家が投資を行った場合、投資時点と、売却時点のいずれの時点でも以下のような税制上の優遇措置を受けることができます[33]。

エンジェル税制の適用による優遇措置
投資した年に受けられる優遇措置 以下の優遇措置ＡとＢいずれかから選択 ✓　優遇措置Ａ（設立５年未満の企業が対象） 対象企業への投資額－2,000円を、その年の総所得金額から控除（総所得金額×40％と800万円のいずれか低い方を控除の上限とする） ✓　優遇措置Ｂ（設立10年未満の企業が対象） 対象企業への投資額全額をその年の株式譲渡益から控除（控除の上限なし）
株式を売却した年に受けられる優遇措置 ✓　譲渡損が生じた場合、その年の他の株式譲渡益と通算（相殺）可能 ✓　相殺しきれなかった損失については、翌年以降３年間にわたって、順次株式譲渡益と通算（相殺）可能

33 中小企業庁「エンジェル税制の仕組み」
https://www.chusho.meti.go.jp/keiei/chiiki/angel/structure/index2.html

4　プラットフォーマーの税務

プラットフォーマーの税務として、プラットフォーマー自身の税務とユーザーの税務コンプライアンスに分けて説明していきます。シェアプラットフォームを営む事業者を顧問先に抱える税理士の持つべき視点としても、プラットフォーマー自身の税務とユーザーの税務コンプライアンスは重要であると考えます。

シェアリングエコノミーを利用したビジネスモデルは、従来的なビジネスモデルの枠には収まらず、各社ごとに様々なバリエーションがあり、思わぬところに税務上の論点が潜んでいることもあります。したがって、顧問税理士の立場からは、ビジネスモデルや取引内容を十分に確認した上で業務にあたる必要があると思います。

プラットフォーマー自身の税務という点で、例えば、プラットフォーマーが付与したポイントの税務上の取扱いといった論点が挙げられます。（詳細は、本章4（1）参照。）

また、シェアプラットフォーマーは、スタートアップ企業であることが多くあります。スタートアップ企業は、一般に税務に対応する要員を潤沢に抱えていることは珍しく、顧問税理士が積極的にサポートしていくことが必要です。その際、プラットフォーマー自身の税務のみならず、利用ユーザーの税務コンプライアンスの視点を持つことが重要ではないかと考えます。この点、利用ユーザーの税務コンプライアンスは、一義的には、プラットフォーム企業の顧問税理士の業務範囲外かもしれません。

しかし、プラットフォーム上で行われる取引に関連した利用ユーザーの税務コンプライアンスに関しては、例えば源泉徴収機能など、プラットフォーマーがユーザーのために関連機能の提供を行う必要があるものもあります。こういったものにプラットフォーマー自身が気づけていない場合、顧問税理士から適切なアドバイスができるような状況が望ましいと考えます。以下、各論について見ていきます。

(1) プラットフォーマー自身の税務

① 基本的な考え方

プラットフォーマーが法人であることを前提とすると、法人税が課せられます。また、消費税をはじめとする各種税金が課せられます。これらの課税は、シェアプラットフォーム事業以外の事業を営む法人と基本的に同様となります。

② 情報照会制度

令和元年度税制改正において、税務当局によるプラットフォーマー等に対する情報照会手続が整備されました。

すなわち、これまで実務上行われていた事業者等に対するユーザーの課税情報の任意照会について法令の規定が整備され、高額・悪質な無申告者等を特定するための情報について国税当局が事業者等に報告を求める仕組みが整備されました。

国税庁はこうした法的枠組みを積極的に活用し、シェアリングエコノミーを含む新分野の経済活動に関する情報収集に努めていくとしており、プラットフォーマーはこれらの情報照会に対応していく必要があります。（詳細は、第４章１参照。）

③ プラットフォーマーが付与したポイントの税務上の取扱い

プラットフォーマーが購入ユーザーに対して購入促進等を目的とし

て、自社ポイントを付与し、購入ユーザーがポイントを利用することにより、購入代金が安くなる取引がよく見られます。ポイント利用による購入ユーザーが得る経済的利益は、プラットフォーマーが負担する取り決めになっていることが一般的です。

この場合、当該ポイント利用に伴うプラットフォーマーの経済的な負担が、税務上どのように処理されるか、国税庁から示されている家電量販店の設例を参照しながら解説していきます。

i　法人税上の取扱い

プラットフォーマーが付与するポイントの法人税の取扱いを考える上で、まずその前提となる会計処理を見ていきます。これは、法人税上の取扱いは会計上の取扱いと同様とされているためです。

まず、付与ポイントについての会計処理は、2021年4月1日以後開始する事業年度より適用される企業会計基準第29号「収益認識に関する会計基準」、企業会計基準適用指針第30号「収益認識に関する会計基準の適用指針」(以下「新収益認識基準」と呼びます。)[34]に従って処理されます。

企業が顧客に対して発行するポイントは、会計的な観点からは、一般にカスタマー・ロイヤルティ・プログラムと呼ばれます。新収益認識基準では、顧客との契約において、既存の契約に加えて追加の財又はサービスを取得するオプションを顧客に付与する場合に、当該契約を締結しなければ顧客が受け取れない重要な権利を顧客に提供するときには、そのオプションから履行義務が生じるとされており（収益認識に関する会計基準の適用指針48項)、一般にポイントプログラムを含むカスタマー・ロイヤルティ・プログラムは、新収益認識基準上で規定される追加的な履行義務に該当します。

34 改正企業会計基準第29号「収益認識に関する会計基準」、改正企業会計基準適用指針第30号「収益認識に関する会計基準の適用指針」

そのため、ポイントが付与された時点で当該履行義務を契約負債として計上します。

以上の基本的な理解を、国税庁の設例を基礎として具体的に見ていきます。国税庁の家電量販店の設例では、購入額に応じて10％のポイントが付与されます。そして、次回以降購入時に１ポイント１円換算で、購入額を減額することができるプログラムとなっています。

まず、当初の商品の売買時に、10,000円（消費税抜）の商品を売り上げ、1,080円分（消費税を含む売上10,800円×10％）のポイントが付与されています。新収益認識基準に従うと、売手の視点からは、10,000円の商品を引き渡す履行義務（商品販売に係る履行義務）と将来1,080円分の値引きを提供する履行義務（ポイント付与に係る履行義務）の２つの履行義務が発生します。

その上で、取引価格10,000円を商品販売に係る履行義務とポイント付与に係る履行義務に按分します。この結果、商品販売に係る履行義務に按分された取引価格は、10,000×10,000/（10,000＋1,080）＝9,025円で、ポイント付与に係る履行義務は、10,000×1,080/（10,000＋1,080）＝975円となります。

ここで商品販売に係る履行義務9,025円は、商品の引渡しにより、すでに履行を終えているため、商品販売時に、売上として認識されます。

一方、商品販売時点では、ポイント付与に係る履行義務はまだ履行を終えていないため、負債（契約負債）として認識されます。ポイント付与に係る履行義務は、ポイントが使用された際に、実際に商品代金の減額を行うことにより履行されるためです。

したがって、設例では、ポイント使用時に、履行義務を終えたとして、契約負債の取崩を行い、対応する売上を認識する処理が示されています。

以上の会計処理を前提に法人税上の取扱いを見ていきます。法人税上は、申告調整を行うことなく会計処理をそのまま利用できます。したがって、ポイント付与時に、10,000円の商品販売代金のうち、9,025円の益金を認識します。また、ポイント利用時に975円の益金を認識します。

この点、シェアプラットフォーマーが、購入額に応じて購入ユーザーに付与するポイントについても、基本的には家電量販店の設例と同様の構造となっていると考えられます。したがって、法人税上、プラットフォーマーは、ポイント付与時に手数料売上からポイント付与に係る契約負債の金額を差し引いた額を益金として認識し、ポイント利用時に、契約負債を益金に振り替えることになります。

国税庁設例（自社ポイントの付与）

家電量販店を展開するA社はポイント制度を運営している。A社は、顧客の100円(税込)の購入につき10ポイントを付与する(ただし、ポイント使用部分についてはポイントは付与されない。)。顧客は、1ポイントを当該家電量販店グループの1円の商品と交換することができる。X1年度にA社は顧客に10,800円(税込)の商品を販売し、1,080ポイントを付与した(消化率100%と仮定)。A社は当該ポイントを顧客に付与する重要な権利と認識している。顧客は当初付与されたポイントについて認識しない。なお、消費税率8%とする。

(単位：円)

<table>
<tr><th></th><th>会　計</th><th>法人税の取扱い</th><th>消費税の取扱い</th></tr>
<tr><td rowspan="2">商品の売買時</td><td>売手
現金 10,800 ｜ 売上※1 9,025
｜ 契約負債※2 975
｜ 仮受消費税 800</td><td rowspan="4">同左</td><td>売手
課税売上げの対価 10,000
課税売上げに係る消費税額 800</td></tr>
<tr><td>買手
仕入 10,000 ｜ 現金 10,800
仮払消費税 800 ｜</td><td>買手
課税仕入れの対価 10,000
課税仕入れに係る消費税額 800</td></tr>
<tr><td rowspan="2">ポイント使用時</td><td>売手
(税込1,080円の商品売買時に1,080ポイントが使用された場合)
契約負債 975 ｜ 売上 975</td><td>売手
課税売上げの対価 1,000
1,000×8%＝80 税額 80
対価の返還等（ポイント分） △1,000
（1,080×100/108）×8%＝80 △80
差引消費税額（80-80） 0</td></tr>
<tr><td>買手
(税込1,080円の商品売買時に1,080ポイントを使用した場合)
(処理なし)※3</td><td>買手
課税仕入れの対価 1,000
1,000×8%＝80 税額 80
対価の返還等（ポイント分） △1,000
（1,080×100/108）×8%＝80 △80
差引消費税額（80-80） 0</td></tr>
</table>

※1 （商品）10,000×10,000／（10,000＋1,080）＝9,025円
※2 （ポイント）10,000×1,080／（10,000＋1,080）＝975円
※3 ポイント使用を仕入値引とする等の複数の処理がありうる

（出典：国税庁　平成30年5月「収益認識基準による場合の取扱いの例」
ケース1　自社ポイントの付与（論点：履行義務の識別））

ii　消費税上の取扱い

次に消費税の取扱いについて、法人税と同様に国税庁の設例をもとに見ていきます。なお本設例では消費税率が８％とされているため、ここでの説明は消費税率８％を踏襲します。

設例では、ポイントを付与した時点では、ポイント付与者（売手）は、消費税処理上、仕入税額控除等を認識しません。その上で、ポイントが利用された場合、ポイント付与者（売手）は、対価の返還等（ポイント分）1,000を認識し、対応する消費税の減額を処理します（本設例では△80）。また、本設例では、同時に課税売上が1,000あるため、受取消費税80が生じ、差引消費税額が０とされています。

これは、ポイント付与時、資産の譲渡、貸付け及び役務の提供のいずれも行われていないと考え、不課税取引とされているためと考えられます（消法２①八）。設例のポイント制度は、購入に応じて買手にポイントを付与し、買手は次回以降の購入時にポイントを利用して購入代金の減額を受けることができる仕組みです。

そのため、売手の立場からみると、ポイント付与時に受け取った売上の対価の一部を、ポイント利用時に返還を受けていると捉え、このような処理が例示されているものと考えられます（消法38①）。

ここで、本設例をプラットフォーマー（ポイント付与者）に置き換えて考えます。プラットフォーマーが付与するポイントは、通常、販売ユーザーと購入ユーザーの取引額に応じて付与されます。

例えば、本設例に倣い、販売ユーザー（売手）と購入ユーザー（買手）の間で10,000＋消費税800の取引を行ったとすると、購入者に1,080ポイントが付与されます。一方で、プラットフォーマーは、取引金額に手数料率を乗じた金額を収益として受け取ります。

つまり、手数料率を20％とすると、プラットフォーマーは、売上2,000

（10,000×20％）と受取消費税160を処理することになります。

次に、本設例と同様にポイント利用が生じた場合、対価の返還等（ポイント分）1,000を認識し、対応する消費税の減額を認識します（本設例に倣うと△80)。そしてプラットフォーマーは売上200（1,000×20％）と受取消費税16を認識します。したがって、ポイント利用取引からの差引消費税は、△64（16－80、仮払消費税のポジション）となります。

このように、シェアサービスの場合、ポイント付与・利用の基礎となる取引額とプラットフォーマーの受け取る手数料売上が相違するため、差引消費税が0にならない状況が想定されます。ポイント利用に伴う△80については、家電量販店の設例と同様に、対価の返還と捉え、控除の対象として処理することが考えられます。

この点、プラットフォーム企業が税務調査において、ポイント利用に伴う費用を課税仕入として取り扱ったところ、課税当局が消費税上の対価性を認めず、仕入税額控除を否認したケースが報告されています。プラットフォーマーが提供するポイントプログラムには様々な種類があります。

設例のような購入金額に応じて付与されるポイントやプラットフォーマーのキャンペーン等により特定のユーザーに付与されるものなどがあります。例えば、新規入会キャンペーンなどで新規登録ユーザーに一律ポイントを付与するケース、特定カテゴリーのサービスの購入にのみ利用できるポイントを広く付与するケース、購入頻度の高いユーザーに対して付与するケースなどです。

ポイント利用による経済的な負担を、設例のように売上の返還等として捉えるか、販売促進費のような費用として捉えるか、本件税務調査に見られるように対価性のないもの（不課税取引）として捉えるか、ポイントに関する契約・規約や実態等を勘案し、関連規定も参照しつつ、慎重に判断する必要があると考えます。

(2) 利用ユーザーの税務コンプライアンス

次に、プラットフォーマーの観点から利用ユーザーの税務コンプライアンスを考えます。ユーザーの税務コンプライアンスは、一義的にはプラットフォーマーの責任ではなく、個々のユーザーの責任において、順守されるべき性質です。しかしながら、自社のプラットフォーム上の取引が、合法かつ健全に実施されることや、ユーザーが法令等を順守できる環境を提供することは、プラットフォームでの取扱高拡大に不可欠な要素です。

そのため、プラットフォーマーは、自社プラットフォームの利用ユーザーの税務コンプライアンスを積極的に支援していく動機があります。また、プラットフォーム上の取引が、合法かつ健全に行われ、ユーザーが法令等を順守できる環境を提供することは、企業が果たすべき社会的責任でもあると考えられます。

もっとも、プラットフォーマーは、利用ユーザーのプラットフォーム外の情報を知りうる立場になく、利用ユーザーの税務関係を正確に把握することはできません。また、有償・無償を問わずプラットフォーマーが利用ユーザーの税務相談に応じることは、税理士法違反のおそれがあります。

したがって、プラットフォーマーが利用ユーザーの税務コンプライアンスに関連して行えることとしては、①プラットフォーム上での取引に関連し、利用ユーザーが課税計算・納税を行う上で必要な情報や機能を提供すること、②税務に関する基本的・一般的な理解を提供することなどが考えられます。

私たち税理士が、プラットフォーム企業と顧問先としてお付き合いする場合、上記のような観点から顧問先プラットフォーム企業に適切なアドバイスを行っていくことが有用であると考えます。

① 納税に必要な情報や機能の提供

例えば、提供ユーザーにとって、年間の取引報酬の情報は、所得税申告上の課税計算をする上で重要な情報です。これらがプラットフォーマーから適切に提供されると、提供ユーザーの利便性が高まります。したがって、プラットフォーマーが、提供ユーザーに対して過去の取引履歴を参照しやすいような機能を提供することが考えられます。

また、源泉徴収義務が生じる取引報酬ついて、ユーザー間の源泉徴収が円滑に行えるような機能を提供することも考えられます。

② 税務に関する基礎情報の提供

シェアプラットフォームを利用した際の課税関係について、個々のユーザーが必ずしも十分に理解しきれていないという前提に立つと、プラットフォーマーが、プラットフォーム利用に当たってのガイダンスやQ&Aなどで税務の基本的な理解に関する情報提供を行い、ユーザーの理解を高めることが有用です。

また、確定申告の時期（毎年１月～３月ごろ）に個人ユーザー向けに確定申告の確認を促すお知らせの配信を行ったり、確定申告の入門講座を企画したりすることもユーザーの納税意識を高めると考えられます。この点、一般社団シェアリングエコノミー協会では、毎年シェアサービスを利用するユーザー向けに、国税庁後援の下、副業・フリーランス・シェアワーカー向けの確定申告入門講座を実施しています。

2022年２月に開催されたWebセミナーでは、20社以上の会員企業が、確定申告推進パートナーとして協力し、2,700人以上の申込登録がありました。本セミナーでは、確定申告の基礎的な講義、国税庁職員によるスマートフォンを用いた確定申告のデモンストレーション、税理士による個別質問相談会といったコンテンツが含まれています。こういった業界団体等が実施するセミナーと連携することで、ユーザーの確定申告の周知を図っていくことも有効です。

（出典：一般社団法人シェアリングエコノミー協会「シェアリングエコノミー協会、国税庁後援の下、20社の事業者と共に確定申告講座を開催。」）

このほか、国税庁が、Web上で公表している確定申告に関するガイダンスなどをプラットフォーマーからユーザーに案内することも考えられます。例えば、令和３年分の確定申告では、国税庁から副収入の申告漏れについてについて注意喚起が行われ、雑所得が例示とともに説明されています。シェアリングエコノミーにも関連する事項でもあり、こういったガイダンスの存在をユーザーが認知できることは有用であると考えます。

●**副収入の申告漏れ**にご注意ください。
●雑所得の区分が「公的年金等」・「業務」・「その他」とされました。

●**原稿料**、**講演料**又は**ネットオークション**や**フリーマーケットアプリ**などを利用した**個人取引による所得**

（具体例）

①衣服・雑貨・家電などの資産の売却による所得

※ただし、生活に使用した資産の売却による所得は非課税（確定申告は不要）

②自家用車などの貸付けによる所得

③ベビーシッターや家庭教師などの副業による所得

⇒「**業務**に係る**雑所得**」に該当

●**ビットコイン**をはじめとする**暗号資産の売却等**による所得

⇒「**その他の雑所得**」に該当

●**競馬等のギャンブル**から生じた所得

⇒原則、「**一時所得**」に該当

※　上記の所得を含め年末調整を受けた給与所得以外の所得が **20 万円以下**の方は、**確定申告は不要**です。

医療費控除やふるさと納税（寄附金控除）などの適用を受ける場合は、20 万円以下であっても確定申告が必要です。

（出典：国税庁「令和３年分の確定申告においてご留意いただきたい事項」）

第4章

シェアリングエコノミーと税をめぐる最新動向

SHARING ECONOMY

1　新分野の経済活動の適正課税確保に向けた取組み

(1) 背景

国税庁は、インターネット等の情報通信技術の発展・普及に伴って活発化したオークションサイトでの取引、アフィリエイト報酬に関する取引、暗号資産（仮想通貨）取引、シェアリングエコノミー取引を含む電子商取引に対して、このような取引から生じる個人の所得に対する適正課税の観点から問題意識を有しています。

すなわち、こうした取引から個人が稼得する所得を課税当局が十分に把握しきれていないのではないか、個人の適正な納税が十分に確保されていないのではないかという問題意識です。

ネットワーク上で行われている上記のような取引は、一般に、広域的・国際的な取引が比較的容易で、足が速く、無店舗形態の取引やヒト・モノの移動を伴わない取引も存在するなど外観上、取引の実態が分かりにくいという特徴があります。

また、申告手続等に馴染みのない方の参入が容易であるといった特徴があります。国税庁として、こういった取引に的確に対応しなければ、適正な申告を行っていない納税者を見過ごすことになりかねないとの認識を示しています。

そこで、こういった分野の取引に関する情報収集を拡充し、収集した情報の分析機能を高めることにより、課税上問題があると見込まれる納税者を的確に把握し、適正な課税の確保に向けて、行政指導も含めた更なる取組みが必要であるという考えを表明しています[1]。

(2) 情報収集・分析の充実

前述の問題意識を踏まえ、課税当局は、①法的枠組みの積極活用、②プロジェクトチームの設置等、③ICTの積極活用を行い、情報収集・分析の充実を図っています[2]。

① 法的枠組みの積極活用

令和元年度税制改正において、税務当局によるプラットフォーマー等に対する情報照会手続が整備されました。すなわち、これまで実務上行われていた事業者等に対する課税情報の任意の照会について法令の規定が整備されました（以下「任意照会」といいます。）[3]。

また、高額・悪質な無申告者等を特定するための情報について国税当局が事業者等に報告を求める仕組みが整備されました（以下「強制照会」といいます。）[4]。

国税庁は、これらの法的枠組みを積極的に活用し、シェアリングエコノミーを含む新分野の経済活動に関する情報収集に努めていくとしています。

② プロジェクトチームの設置等

従来からあった電子商取引専門調査チームに加え、各部署の指名された職員で構成される200名規模のプロジェクトチームを組成して対応にあたるとされました。プロジェクトチームは、全国税局・事務所に設置の上、関係部署の職員で構成されます。前述の任意照会制度や強制照会

---

1 国税庁「シェアリングエコノミー等新分野の経済活動への的確な対応」
https://www.nta.go.jp/information/release/kokuzeicho/2019/sharingueconomy_taio/pdf/01.pdf

2 前掲注１に同じ

3 国税通則法第74条の12第１項

4 国税通則法第74条の７の２第１項

制度といった法的枠組みを利用することも想定しています。

③ ICTの積極活用

インターネット上で公開されている情報を効率的に収集する技術など、新たなICTの活用を進めるとともに、デジタル・テクノロジーに精通した人材の育成・登用を進めていきます。

また、マイナンバーや法人番号をキーとして資料情報の横断的な活用を目的としてシステムの整備にも取り組むとしています。

シェアリングエコノミー等新分野の経済活動の適正課税の確保に向けた取組の概要

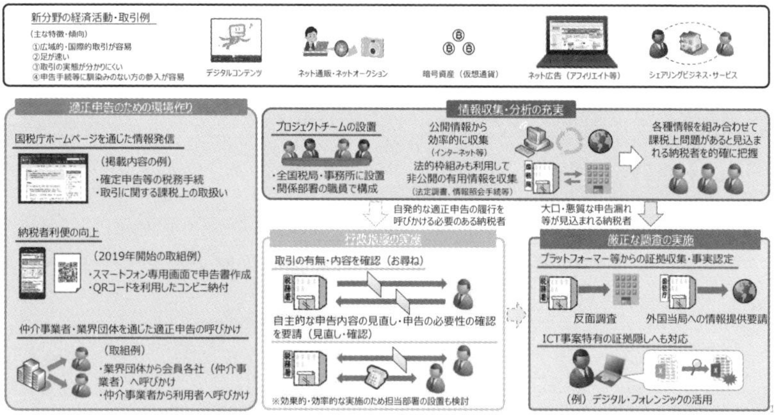

（出典：国税庁「シェアリングエコノミー等新分野の経済活動への的確な対応」）

(3) 情報照会手続の詳解

令和元年度税制改正において創設された任意照会制度と強制照会制度について見ていきます。

① 任意照会制度

任意照会制度は、課税当局が、納税者の納税に関する情報について、プラットフォーム事業者等への提供の協力要請を行うものです。

この制度を理解するためのポイントは、ⅰ照会対象者は不特定、ⅱ照会する情報は課税当局の裁量による、ⅲ情報提供を行うかは任意、という点です。

ⅰ　調査対象者が不特定

国税庁の事務運営指針によると、事業者等への協力要請は調査の対象者（納税義務者等）が特定されていることを前提としたものではないとされています[5]。この点、従来の制度的枠組においても、調査対象者（納税義務者等）が特定されていることを前提としたものではないとされていますが[6]、この制度は、基本的には不特定の納税義務者等の情報照会を想定しているものと考えられます。まさに、課税当局による情報収集や分析を拡充していく意図が見て取れます。

この制度によると、プラットフォーム企業等に対して、例えば「山田一郎氏の情報を提供してほしい」といった照会の仕方のみならず、「貴社のプラットフォームを通して、取引報酬を年間1,000万円以上得ているユーザーの情報を提供してほしい」といった照会が実施されることが想定されます。

ⅱ　照会する情報の種類は課税当局の裁量による

また、照会する情報の種類について、事業者等への協力要請を行うに当たっては、国税に関する調査について必要があるときに、その調査に関し参考となるべき資料情報に限って行うこととし、その要請に当たっては、相手先の事務負担に十分に配慮する[7]とされているもの

5 国税庁「情報照会手続の実施に当たっての基本的な考え方等について（事務運営指針）」第２章　事業者等への協力要請　1　基本的な事務手続
https://www.nta.go.jp/law/jimu-unei/sonota/1912/pdf/01.pdf
6 財務省「令和元年度税制改正の解説　国税通則法等の改正」一Ⅱ２
7 前掲注５に同じ

の、具体的には限定されていません。

そのため、極端な例を想像すると、「貴社のプラットフォームを通して、取引報酬を得ているユーザーに関して、貴社が保有する全ての情報を提供してほしい」といった照会も可能と考えられます。

この点、筆者（一般社団法人シェアリングエコノミー協会　税制委員）と国税庁関係者との意見交換の中では、以下のような情報取得が例示され、制度趣旨に鑑みても、これらの情報を中心に提供要請が行われることが想定されます。

a　本人情報（氏名、生年月日、住所、電話番号）
b　口座情報（銀行名、支店名、店番号、口座番号）
c　取引情報（年間取引金額）

ⅲ　情報提供を行うかは任意

この制度に基づく情報提供の要請は、あくまでも協力要請であり、提供を行うか否かは、照会を受けた各プラットフォーム事業者等の判断となります。実務的にも、上記に例示列挙した特定の情報について、プラットフォーム事業者等が、実際は保持していない場合、情報提供を行うことは難しいと思われます。こういった状況も鑑み、制度上、提供は任意として設計されています。

② 強制照会制度

強制照会制度は、所轄国税局長が、要件を満たす場合、事業者等に、特定取引者の氏名又は名称、住所又は居所及び個人番号又は法人番号につき、60日を超えない範囲においてその準備に通常要する日数を勘案し、定める日までに報告を求めるものです。

この制度を理解するためのポイントは、ⅰ照会のための要件が定められており、ⅱ照会される情報は限定され、ⅲ事業者等は情報提供要請に従う義務があり、違反した際の罰則が規定されており、また義務がある故にⅳ厳格な手続が定められ、ⅴ不服申し立ての手続が用意されているという点です。

ⅰ　照会のための要件

所轄国税局長は、他の方法による照会情報の取得が困難であり、申告漏れの可能性が相当程度認められる場合に請求を求めることができるとされています。

申告漏れの可能性が相当程度認められる場合とは、多額の所得（年額1,000万円超）を生じうる特定の取引の調査の結果、半数以上で当該所得について申告漏れが認められた場合、もしくは特定の取引が違法な申告のために用いられるものと認められた場合もしくは、不合理な取引形態により違法行為を推認させる場合のいずれかに該当する場合です。

なお、調査対象者の特定は要件になっておらず、任意照会制度と同様に調査対象者が特定されていない状態での情報照会が想定される制度となっています。

強制照会制度の要件

① 他の方法による照会情報の収集が困難であること
② 申告漏れの可能性が相当程度認められること（以下のいずれか）
　ⅰ　多額の所得（年額1,000万円超）を生じうる特定の取引の税務調査の結果、半数以上で当該所得等について申告漏れが認められた場合
　ⅱ　特定の取引が違法な申告のために用いられるものと認められた場合
　ⅲ　不合理な取引形態により違法行為を推認させる場合

ⅱ　照会される情報

強制照会制度によって照会される情報は、以下の通りです。任意照

会制度によって照会される情報の種類に制限がないこととは対照的に、強制照会制度により照会される情報の種類は、法令による限定列挙となっています。

a　氏名（法人については、名称）
b　住所又は居所
c　個人番号又は法人番号

ⅲ　義務と罰則

強制照会制度は、現行の国税庁等の職員による質問検査権（国通法74の2～74の6）の限界を踏まえ、調査手法の拡充のため、調査対象者が特定されていない段階での強制力のある情報収集手段として制度化されました。

そのため、強制照会制度は、実効性確保の観点から担保措置として、検査拒否等の場合と同様の罰則規定の対象となります。具体的には、所轄国税局長の報告の求めに対して、正当な理由がなくこれに応じず、又は偽りの報告をした者は、1年以下の懲役又は50万円以下の罰金に処すると定められています（国通法128三）。

ⅳ　手続

所轄国税局長は、強制照会を実施する場合、事前に国税庁長官の承認を受けなければならないこととされています（国通法74の7の2④）。

適正かつ慎重な運用を求める観点から、強制照会に際しては、所轄国税局長において、その上級行政庁である国税庁長官の承認を得ることが要件とされたものです。

また、強制照会は、特定事業者等に対する手続として、特定取引者の範囲その他報告を求める事項及び報告を求める期日を書面で通知することにより行うこととされています（国通法74の７の２⑤）。そのため、口頭による照会はできません。

また、ここでの期日は、60日を超えない範囲内においてその準備に通常要する日数を勘案して定める日とされています（国通法74の７の２①）。

なお、所轄国税局長が報告の求めをするに当たっては、特定事業者等の事務負担に配慮すべき点が明文化されています（国通法74の７の２⑥）。

v　不服申し立て

国税に関する法律に基づく処分に不服がある者は、不服申立てをすることができます（国通法75①）。

強制照会制度で、報告を求められた特定事業者等で、その報告の求めに不服がある場合、その所轄国税局長に対する再調査の請求又は国税不服審判所長に対する審査請求を行うことができるとされます。

また、これらの不服申立てを経た後、行政事件訴訟法等の定めるところにより訴訟を行うことができるとされます（国通法114）。

③ 活用事例

国税庁は、インターネット上のプラットフォーマーを介した売買に対する調査事例として、次のような調査事例を公表しています。この事例では、インターネットオークションサイトを利用してチケット転売を行い、多額の利益を得ていることが想定され調査が実施されたものです。調査の結果、出品者ID登録や決済口座に親族名義を利用し自己の名前を隠すことで申告逃れをしていたことが判明したとされています。このような事例に対して、今後は情報照会制度を積極的に活用するとしています。

本事例のように名義が偽装された状況で、調査対象者を起点にして、調査対象者に繋がる無申告の所得を個別に探す作業は、時間と労力を要するように思われます。一方で、情報照会制度を利用して、課税当局が多額の売上を有するユーザー情報リストを取得し、申告納税情報と照合することにより、無申告者や無申告所得を特定することが可能となります。

事例３　インターネット上のプラットフォーマーを介した売買に対する調査事例

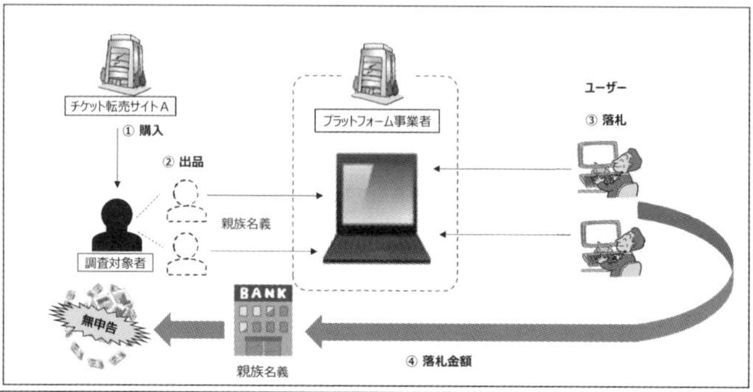

調査対象者については、チケット転売サイトで購入したチケットを、ネットオークションに出品・売却することで、多額の利益を得ていることが想定されたため、調査を実施した。
調査の結果、オークションサイトのＩＤ登録のほか、決済口座も親族名義を利用することで、自分の名前が一切表面に出ないよう画策し、申告義務を逃れていたことが判明した。

国税庁では、課税上有効な情報を収集するため、事業者等に対して任意の協力を求め、必要な情報を照会しており、取引を行う納税者の特定や情報の収集が困難なケースも存在してきたところですが、今後は、新たに整備された情報照会手続の法的枠組みも積極的に活用して情報収集に努め、適正な課税の確保に向けて取り組んでいきます。

（出典：国税庁「シェアリングエコノミー等新分野の経済活動への的確な対応」）

2｜シェアリングエコノミーに対する税務調査の状況

2021年11月に国税庁より令和２事務年度（2020年７月から2021年６月までの期間）の所得税に関する税務調査の状況が公表されました[8]。ここでは、国税庁から公表された税務調査の資料を基礎に、シェアリングエコノミーに関わる直近の動向を見ていきます。

（1）税務調査の全体概要

まず令和２事務年度の所得税に関する税務調査の全体の概要です。

令和２事務年度においては、新型コロナウイルス感染症の影響により、実地調査の件数が大幅に減少しています。具体的には、令和２事務年度の実地調査の件数は、特別調査・一般調査で約１万９千件に留まり、前事務年度実績の約４万３千件と比べて大幅に減少（56％減）している状況です。これに連動し、申告漏れ所得の金額も特別・一般調査及び着眼調査で2,992億円に留まり、前事務年度実績の5,640億円に比べて大幅に減少（47％減）しています。

また、追徴税額についても同様の傾向（前事務年度992億円➡令和２事務年度533億円）となっています。

一方で、令和２事務年度の特別・一般調査の実地調査１件あたりの追徴税額は275万円となっており、前事務年度実績の222万円と比べて24％増加しています。これは、高額・悪質な不正計算が見込まれる事案を優先して調査したためとされています。

8 国税庁「令和２事務年度　所得税及び消費税調査等の状況」
https://www.nta.go.jp/information/release/kokuzeicho/2021/shotoku_shohi/pdf/shotoku_shohi.pdf

所得税の調査等の状況

項目＼区分			実地調査 特別・一般	対前年比	実地調査 着眼	対前年比	実地調査 計	対前年比	簡易な接触	対前年比	調査等合計	対前年比
調査等件数		件	42,601 18,713	43.9%	17,082 5,091	29.8%	59,683 23,804	39.9%	371,812 478,494	128.7%	431,495 502,298	116.4%
申告漏れ等の非違件数		件	38,034 16,973	44.6%	12,458 3,837	30.8%	50,492 20,810	41.2%	212,482 258,485	121.7%	262,974 279,295	106.2%
申告漏れ所得金額		億円	5,068 2,770	54.7%	572 222	38.8%	5,640 2,992	53.0%	2,250 2,586	114.9%	7,891 5,577	70.7%
追徴税額	本税	億円	797 436	54.7%	40 17	42.5%	837 453	54.1%	138 194	140.6%	975 647	66.4%
追徴税額	加算税	億円	149 78	52.3%	5 2	40.0%	155 81	52.3%	3 4	133.3%	157 85	54.1%
追徴税額	計	億円	947 514	54.3%	45 19	42.2%	992 533	53.7%	140 199	142.1%	1,132 732	64.7%
一件当たり	申告漏れ所得金額	万円	1,190 1,480	124.4%	335 436	130.1%	945 1,257	133.0%	61 54	88.5%	183 111	60.7%
一件当たり 追徴税額	本税	万円	187 233	124.6%	23 34	147.8%	140 190	135.7%	4 4	100.0%	23 13	56.5%
一件当たり 追徴税額	加算税	万円	35 42	120.0%	3 5	166.7%	26 34	130.8%	0.1 0.1	100.0%	4 2	50.0%
一件当たり 追徴税額	計	万円	222 275	123.9%	27 38	140.7%	166 224	134.9%	4 4	100.0%	26 15	57.7%

（注）1　令和2年7月から令和3年6月までの間の実績で、いずれも調査等の対象となった全ての年分の合計の計数である。
2　上段は、前事務年度の計数である。
3　「簡易な接触」の件数には、更正の請求等に基づく減額更正や添付書類の未提出に対する提出依頼を行った件数等を含む。
4　追徴税額（本税）には、復興特別所得税額を含む。
5　実地調査の件数は、所得税と消費税の実地調査件数である。

(2) 新分野の経済活動に関する税務調査の概況

国税庁資料によると、主な取組みとして、富裕層に対する調査、海外投資等を行っている個人に対する調査と並んで、新分野の経済活動に係る取引を行っている個人に対する調査もハイライトされています。新分野の経済活動に係る取引については、本章1 (1) 背景で述べた通り、課税当局が注目をしている分野です。このことが、税務調査関係資料からもうかがえます。

まず新分野の経済活動に係る取引についての令和2事務年度の実地調査件数は、1,071件となっており、前事業年度実績の1,877件と比べて大幅に減少（43％減）しています。これは（1）税務調査の全体概要に記載したように、新型コロナウイルス感染症の流行による調査数の減少と考えられます。

一方で、1件当たりの申告漏れ所得金額は、1,872万円となっており、前事業年度の1,264万円から48％増加しています。

また、1件当たりの追徴税額は494万円となっており、全体平均の275万円に比べて相対的に高額である旨が国税庁資料において特記されています。

シェアリングエコノミー等新分野の経済活動に係る取引を行っている個人に対する調査状況

項目＼事務年度等			元事務年度	2事務年度	対前年比	2事務年度　実地調査（特別・一般）全体
調査件数		件	1,877	1,071	57.1%	18,713
申告漏れ等の非違件数		件	1,680	963	57.3%	16,973
申告漏れ所得金額		億円	237	201	84.8%	2,770
追徴税額		億円	65	53	81.5%	514
一件当たり	申告漏れ所得金額	万円	1,264	1,872	148.1%	1,480
	追徴税額	万円	349	494	141.5%	275

（3）新分野の経済活動に関する税務調査の内訳

国税庁資料によると、新分野の経済活動に係る取引について、取引区分ごとのデータが示されています。内訳は、シェアリングビジネス、デジタルコンテンツ、ネット通販等、ネット広告、ネットトレード、その他に区分されています。

令和２事務年度の実地調査実績1,071件の内訳を見ると、ネットトレードが432件（全体に占める割合40.3%）となっており、大きな割合を占めています。ネットトレードには、FXや暗号資産などのネット取引が含まれており、新分野については、ネット上での個人の金融取引に課税当局が大きな関心を持っていることがうかがえます。

また、ネットトレードに次いで、ネット通販等が208件（全体に占める割合19.4%）、さらにシェアリングビジネスが191件（全体に占める割合17.8%）となっています。ネットトレードほどではないですが、シェアリングエコノミーに対しても、課税当局の調査が精力的に行われていることが見て取れます。

なお、１件あたりの申告漏れ所得金額については、ネットトレードが、全体平均1,872万円を大きく上回る2,456万円（平均値に対して＋約31%）となっています。シェアリングビジネスについては、1,208万円と全体平均を下回る水準となっています。

取引区分別の調査状況

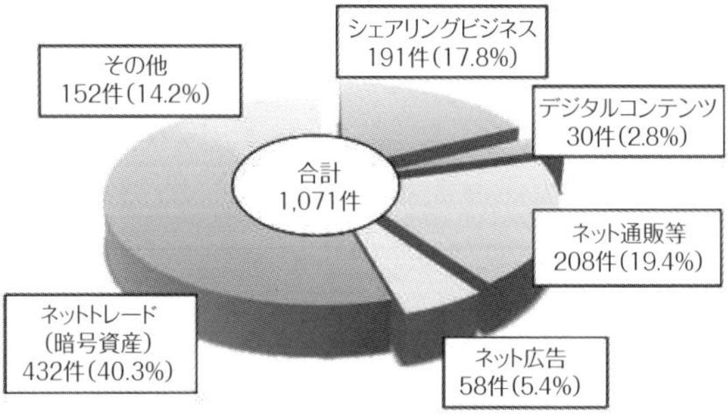

(注)(　)内の数値は構成比

(参考):主な取引例
1　シェアリングビジネス…民泊、カーシェアリング、クラウドソーシングなど
2　デジタルコンテンツ…アプリ作成･配信、有料メルマガなど
3　ネット通販等…ネット通販、ネットオークション、ドロップシッピングなど
4　ネット広告…アフェリエイトなど
5　ネットトレード(暗号資産)…FXなどのネットトレード、暗号資産など
6　その他…1～5に該当しない新分野の経済活動に該当する取引

1件当たりの申告漏れ所得金額

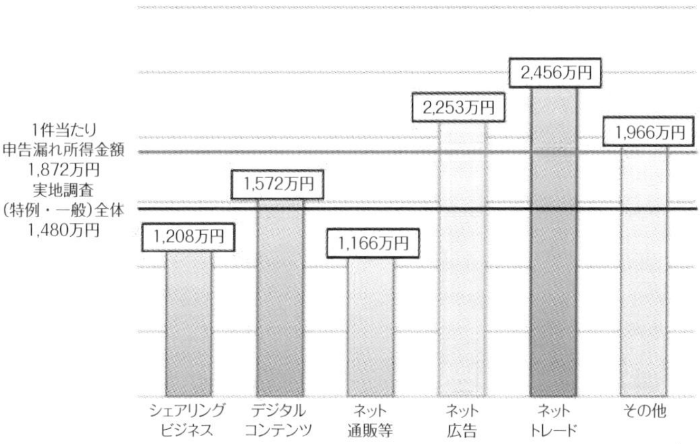

（出典：国税庁「令和２事務年度　所得税及び消費税調査等の状況」より一部抜粋）

3　国際動向

(1) OECDでの議論

経済協力開発機構（OECD：Organisation for Economic Co-operation and Development）は、国際マクロ経済動向、貿易、開発援助といった分野に加え、最近では持続可能な開発、ガバナンスといった新たな分野についても加盟国間の分析・検討を行う国際機関です。ヨーロッパ諸国を中心に、日・米を含め38か国の先進国が加盟しています[9]。

租税分野においては、租税委員会（CFA：Committee on Fiscal Affairs）を中心に、OECDモデル租税条約、OECD移転価格ガイドライン等、国際協調が重要な分野において、国際共通ルールを整備するとともに、各国の有する知見や経験の共有化が図られています。日本の国税庁も、租税委員会のこれらの活動に積極的に参加しています[10]。

① 議論の概要

OECDでは、近年、急拡大するシェアリングエコノミーやギグエコノミーについて高い関心を持っており、税についての議論が行われています。OECDは、令和２年６月に「シェアリング・ギグエコノミーにおける販売者に関するプラットフォーム運営者のモデル報告ルール」[11]を公表し、シェアリングエコノミーやギグエコノミーに対する、一定の施策を示しています。

---

9 経済産業省 「OECD（経済協力開発機構）」
https://www.meti.go.jp/policy/trade_policy/oecd/index.html

10 国税庁 「OECD租税委員会（CFA）」
https://www.nta.go.jp/taxes/shiraberu/kokusai/oecd/index.htm

11 OECD, Model Rules for Reporting by Platform Operators with respect to Sellers in the Sharing and Gig Economy

なお、ギグエコノミーは、企業等の組織に所属するのではなく、フリーランスの立場で、インターネットを利用してその都度単発又は短期の仕事を受注するという働き方で、これによって成り立つ経済の仕組みのことを指します[12]。ギグエコノミーはシェアリングエコノミーとも関連があり、近時の潮流を働き方の角度から捉えたものとも考えらます。

まず、OECDでの基本的な問題意識は、本章1(1)背景で触れた国税庁の問題意識と類似したものです。すなわち、シェアリングエコノミーやギグエコノミーのプラットフォームを通じて行われる取引は必ずしも課税当局に見えるものではなく、これらの取引からユーザーが稼得する所得を、課税当局が十分に把握しきれていないのではないか、ユーザーの適正な納税が十分に確保されていないのではないかという問題意識です。

このような問題意識から、いくつかの国・地域において、プラットフォーム事業者が販売ユーザーから受け取った収入を税務当局へ報告する制度が導入されており、近い将来こういった制度を法制化する国・地域も見られるとしています。

ただし、これらの制度は、特定の国の中での制度です。シェアリングエコノミーやギグエコノミーの広がりは国・地域を越えており、複数の国・地域をまたいだ取引を推進するプラットフォームもあります。複数の国・地域をまたぐ場合、ある国の課税当局は、報告制度の執行に支障をきたす場合が生じるかもしれません。

また、あるプラットフォーム事業者は、複数の国で報告制度の対応を強いられることも生じるかもしれません。

このような背景から、OECDは、販売ユーザーの所得に関する情報を

---

12 総務省「令和元年版情報通信白書」第1部1(1)
https://www.soumu.go.jp/johotsusintokei/whitepaper/ja/r01/html/nd101100.html

収集するために、関係する国・地域が統一的に採用できるモデル報告ルール（標準となる報告ルール）を作成し、各国での異なる報告義務の拡散を抑制し、関係する国・地域間での自動的情報交換の協定を促進する立場を示しています。

② 義務的な報告

まず、OECDのこの枠組みにおいて、特筆すべき点は、プラットフォーム事業者から課税当局へユーザー情報の提供を義務的に報告する仕組みであるという点です。

我が国においては、令和元年度税制改正においてプラットフォーム事業者に対して、課税当局がユーザー情報を照会する任意照会制度と強制照会制度が創設されています。(詳細は、本章1(3)参照。)

当該制度は、課税当局から必要に応じてプラットフォーム事業者に照会を行う制度ですが、OECDが想定するモデル報告ルールは、プラットフォーム事業者から報告を行うものです。この点において、日本の現行制度と大きな違いがあります。

③ 自動的情報交換

OECDの枠組みはモデル報告ルールという呼び方にもあるように、標準（モデル）となるルールを示すことにより、異なる国・地域において類似の制度が導入されることを推進しています。各国における報告フォーマットを標準化することにより、異なる国・地域間での情報の交換がより容易になります。その上でOECDは、プラットフォーム事業者から報告された情報を各国の課税当局間で自動的に交換する状態を目指しています。

自動的情報交換については、先行する実務事例として、租税条約等に基づく情報交換制度があります。租税条約に基づく情報交換とは、納税者の取引などの税に関する情報を二国間の税務当局間で互いに提供する仕組みです[13]。租税条約等に基づく情報交換には、以下の３つの形態があります。

i　要請に基づく情報交換

要請に基づく情報交換は、個別の納税者に対する調査において、国内で入手できる情報だけでは事実関係を十分に解明できない場合に、必要な情報の収集・提供を外国税務当局に要請するものです。

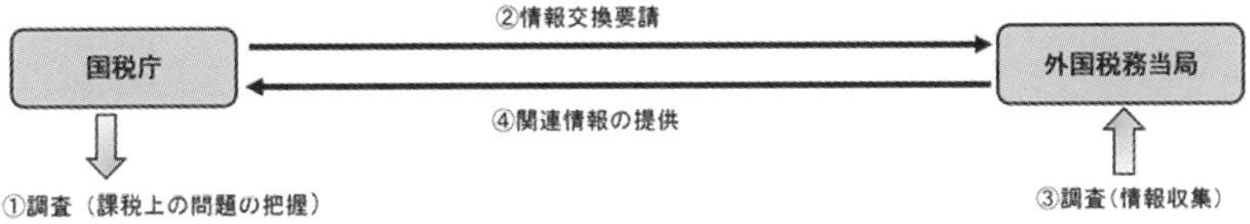

ii　自発的情報交換

自発的情報交換とは、国際協力等の観点から、自国の納税者に対する調査等の際に入手した情報で外国税務当局にとって有益と認められる情報を自発的に提供するものです。

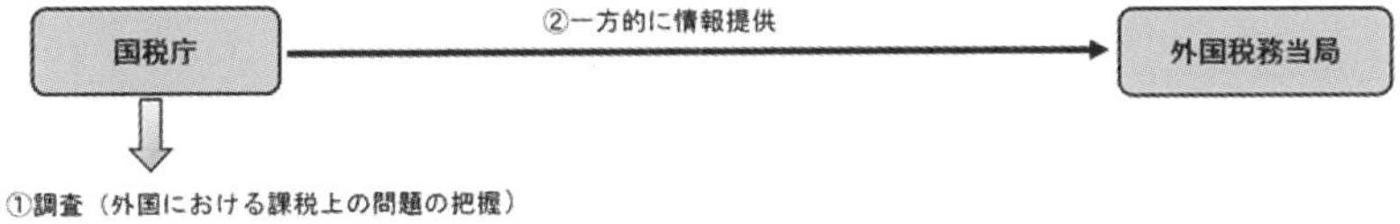

iii　自動的情報交換

租税条約に基づく自動的情報交換とは、法定調書から把握した非居住者等への支払等（利子、配当、不動産賃貸料、無形資産の使用料、給与・報酬、株式の譲受対価等）についての情報を、支払国の税務当局から受領国の税務当局へ一括して送付するものです。

---

13 国税庁「租税条約等に基づく情報交換」
https://www.nta.go.jp/taxes/shiraberu/kokusai/eoi/index.htm

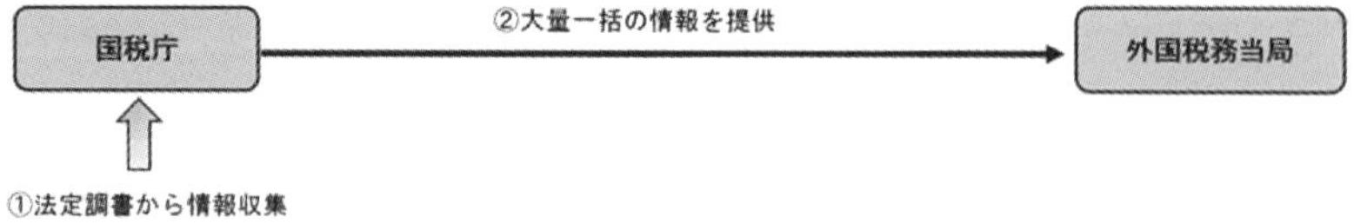

OECDのモデル報告ルールは先行する租税協約等に基づく自動的情報交換のような仕組みを、シェアプラットフォームを利用するユーザーの税務関連情報の収集という点で適用しようとしているとも理解できます。

④ BEPSの枠組み

このモデル報告ルールは、税源浸食・利益移転に関するOECD/G20の包摂的枠組みにおいて承認されたモデルです。税源浸食·利益移転は、通称BEPS（Base Erosion and Profit Shifting）と呼ばれており、新聞や経済誌等でも度々話題となっています。

OECDでは、近年のグローバルなビジネスモデルの構造変化により生じた多国籍企業の活動実態と各国の税制や国際課税ルールとの間のずれを利用することで、多国籍企業がその課税所得を人為的に操作し、課税逃れを行っている問題（BEPS）に対処するため、2012年よりBEPSプロジェクトを立ち上げました。

このBEPSプロジェクトでは、G20（財務大臣・中央銀行総裁会議）の要請により策定された15項目の「BEPS行動計画」に沿って、国際的に協調してBEPSに有効に対処していくための対応策について議論が行われています[14]。

このようにOECDにおける、シェアリングエコノミーを巡る税の議論は、BEPSの文脈で行われています。

---

14 国税庁　「BEPSプロジェクト」
https://www.nta.go.jp/taxes/shiraberu/kokusai/beps/index.htm

(2) モデル報告ルール

① モデル報告ルールの概要

ここからは、OECDの公表文書をもとに、モデル報告ルールの概要について見ていきます。

i　用語の定義

モデル報告ルールでは、まず、用語が定義されます。

プラットフォームの定義に該当するサービスは、不動産の賃貸と個人サービス（ユーザーの依頼を受けて１人又は複数の個人が行う、時間やタスクベースのサービスで、プラットフォーム運営者との雇用関係に基づいて提供するサービスは除かれます。）とされています。

そして、プラットフォームを提供する事業者をプラットフォーム運営者と定義します。さらに、プラットフォーム運営者のうち課税当局への情報提供を課すプラットフォーム運営者を報告プラットフォーム運営者として定義します。対象法域に居住しないなどのプラットフォーム運営者は、報告プラットフォーム運営者から除かれています。

また、報告プラットフォーム運営者の定義に当てはまるものの、プラットフォーム上での取引金額が少額のプラットフォーム運営者などは、例外規定として報告プラットフォーム運営者から除外されます。

そして、対象法域の課税当局が、報告プラットフォーム運営者に対して、報告義務のある販売者の情報の提供を求めます。

販売者とは、端的に言うと、プラットフォームを利用する提供ユーザーです。その上で、販売者のうち、実際に取引を行っている販売者をアクティブな販売者とします。アクティブな販売者のうち、対象法域に居住するものや対象法域に所在する不動産を所有しているものを報告義務のある販売者と定義します。

ⅱ　デューデリジェンス

報告プラットフォーム運営者は、自己のプラットフォーム上のユーザーの中から、報告義務のある販売者を選別します。

この作業を、モデル報告ルールではデューデリジェンスと呼んでいます。報告プラットフォーム運営者によるデューデリジェンスは、販売者情報の収集、販売者情報の確認、販売者の居住地を所管する法域の決定、賃貸不動産情報の収集からなります。

なお、賃貸不動産情報の収集は、提供されるサービスが個人サービスの場合は、不要と考えられます。

報告プラットフォーム運営者が販売者情報として収集しなければならないものは、個々の販売者の場合、氏名、主たる住所、納税者番号、生年月日となります。

また、販売者が事業体である場合は、法人名、主たる住所、納税者番号（どの法域で発行されたかという情報を含みます。）、事業登録番号となります。

報告プラットフォーム運営者は、販売者は、販売者から入手した主たる住所を販売者が居住する法域とみなします。賃貸不動産においては、各物件が所在する住所を収集し、当該住所をもって、報告義務を決定します。これらのデューデリジェンスは、報告対象期間（1月～12月）の12月31日までに完了する必要があるとされています。

ⅲ　課税当局に提供される情報

報告プラットフォーム運営者は、デューデリジェンスの後、報告対象期間（1月～12月）の翌年の1月31日までに、対象法域の課税当局に対して、報告義務のある販売者に関する情報を提供することになります。報告すべき情報として、主に以下のようなものが挙げられています。

a　販売者が個人の場合は、氏名、主たる住所、納税者番号、生年月日などのデューデリジェンスに際して入手が必要とされている情報
b　報告プラットフォーム運営者が入手可能な銀行口座情報等の情報
c　報告対象期間の各四半期に支払われた又は入金された対価の総額、及びその対価が支払われた又は入金された関連サービス数
d　報告対象期間の各四半期に報告プラットフォーム運営者よって課された手数料や源泉徴収額等の金額

また、不動産の賃貸サービスに関しては上記に加えて、以下のものも提供情報として要求されます。

e　それぞれの物件の住所やもし入手可能な場合は土地登録番号
f　報告期間の各四半期におけるそれぞれの物件の貸出日数

iv　課税当局への報告経路

ここでは、OECD文書が想定するプラットフォーム運営者から課税当局への情報提供の経路を説明します。

まず、モデル報告ルールを導入済みのA国とB国での情報提供経路です。A国居住者のプラットフォーム運営者は、A国課税当局に対して報告義務を有する報告プラットフォーマーになります。

したがって、プラットフォーム上で取引を行う販売者に対してデューデリジェンスを行い、必要な情報を収集しA国課税当局へ販売者情報の提供を行います。情報提供に際しては、居住法域以外のB国の販売者情報もA国課税当局へ提供します。A国課税当局は、自動交換制度により、B国居住の販売者情報をB国課税当局へ提供します。

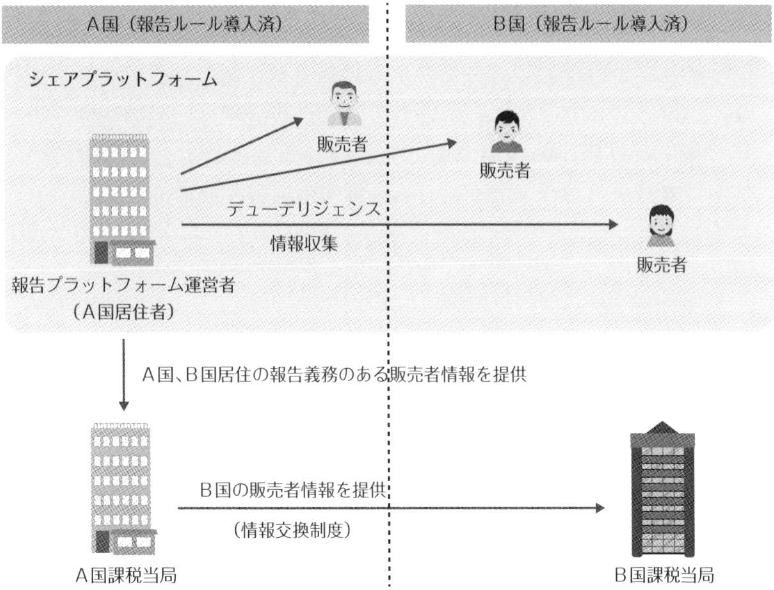

（出典：OECD文書の内容を基礎に筆者が作成）

次にモデル報告ルール未導入のA国と、モデル報告ルール導入済みのB国での情報提供経路を見ていきます。A国では、モデル報告ルールが未導入のため、A国居住者のプラットフォーム運営者は、A国課税当局に対して報告プラットフォーム運営者に該当しません。しかしながら、対象法域の居住要件を満たさない場合であっても、非居住のプラットフォーム運営者が、当該対象法域の法律に基づき設立されている場合、当該対象法域に経営の拠点を有する場合、当該対象法域に居住する販売者のサービス提供を促進している場合のいずれかに該当する場合は、報告プラットフォーム運営者とされる設計が用意されています。例えば、ここでの報告プラットフォーム運営者が、B国において、B国に居住する販売者のサービス提供を促進していると判断される場合、B国において報告プラットフォーム運営者になり、B国課税当局に販売者情報の提供を行うことになると考えられます。

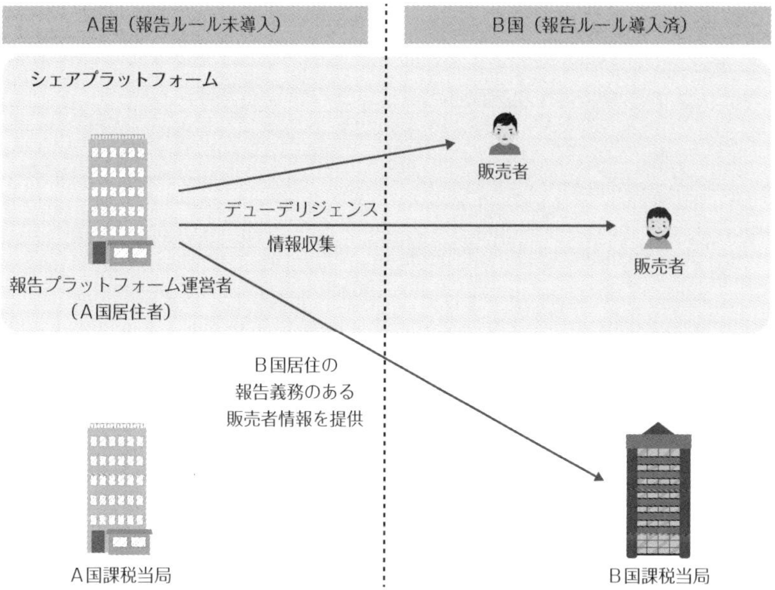

（出典：OECD文書の内容を基礎に筆者が作成）

② プラットフォーム、プラットフォーム運営者、報告プラットフォーム運営者の詳細

ここでは、プラットフォーム、プラットフォーム運営者、報告プラットフォーム運営者の詳細について補足説明を行います。

i　プラットフォーム（Platform）

モデル報告ルールでは、プラットフォームを、Webサイト又はその一部、モバイルアプリケーションを含むアプリケーションなどのソフトウェアで、ユーザーがアクセスでき、販売者が他のユーザーに直接又は間接的に関連サービスを提供するために接続できるものと定義し、プラットフォームの運営には、関連サービスの対価の回収や支払を含む場合もあるとされています。

一方で、ここでのプラットフォームには、以下のことを専ら実行するソフトウェアは含まれないとしています。

a　関連サービスに関する支払処理
b　関連サービスの掲載又は広告
c　関連サービスの提供に介入することなく、ユーザーをプラットフォームにリダイレクトや転送すること

ii　プラットフォーム運営者（Platform Operators）

その上で、プラットフォーム運営者とは、販売者と契約を行い、販売者がこのようなプラットフォームの全部又は一部を利用できるようにする主体と定義しています。

また、ここでの関連サービスとは、不動産の賃貸と個人サービス（ユーザーの依頼を受けて１人又は複数の個人が行う、時間やタスクベースのサービスで、プラットフォーム運営者との雇用関係に基づいて提供するサービスは除かれます。）とされています。

このように、プラットフォーム運営者の定義は広範なものを含むため、一般的なシェアサービスのマッチングを提供しているシェアサービスプラットフォーマーの多くは、プラットフォーム運営者に該当すると考えられます。

一方で、モノのシェアのうち、フリマアプリなどを通して行われるモノの販売や、お金のシェアで行われているサービスの多くは、上記の個人サービスの定義に該当しないと思われるため、これらのシェアサービスプラットフォーマーは、このモデル報告ルールでのプラットフォーム運営者からは除かれると考えられます。また、純粋な決済代行サービスも、ここでのプラットフォームに該当しないと考えられます。

iii　報告プラットフォーム運営者（Reporting Platform Operators）

次に、報告プラットフォーム運営者の定義を見ていきます。報告プラットフォーム運営者は、プラットフォーム運営者のうち、税務上の居住地が対象法域にあるものとされています。

もし、対象法域の居住要件を満たさない場合であっても、非居住のプラットフォーム運営者が、当該対象法域の法律に基づき設立されている場合、当該対象法域に経営の拠点を有する場合、当該対象法域に居住する販売者のサービス提供を促進している場合のいずれかに該当する場合は、報告プラットフォーム運営者とされる設計が用意されています。

例えば、日本において、OECDの当該モデル報告ルールに基づく報告制度があったと仮定した場合、日本の居住者と判定されるプラットフォーム運営者は、日本での報告プラットフォーム運営者となります。一方で、日本の居住者とならないプラットフォーム運営者であっても、日本に居住する販売者のサービス提供を促進していると判断される状況等が見られる場合、日本での報告プラットフォーム運営者になるものと考えられます。

なお、モデル報告ルールでは、報告プラットフォーム運営者に除外規定があります。除外対象となるプラットフォーム運営者のうち特筆すべきものは、前年の取引対価の総額が、100万ユーロ未満であることという要件です。閾値となる金額を設定し、小規模プラットフォーマーの事務運営負担等を考慮して、除外を行っているものと考えられます。ただし、除外判定の基準は、取引対価の総額であり、プラットフォーマーの手数料売上ではない点に留意が必要です。

100万ユーロを1ユーロ130円換算で計算すると、約1億3,000万円です。手数料率を10％～30％と仮定すると、プラットフォーマーの年間の手数料売上は、1,300万円～3,900万円です。年間売上高1,300

万円～3,900万円の規模の企業と想像すると、ごく小規模のプラットフォーマーを除いて報告プラットフォーム事業者に含まれてくるのではないかと想定されています。

COLUMN　モデル報告ルールの我が国での対応

このモデル報告ルールが、OECD加盟国でもある日本で今後どのように取り扱われるのかが注目されます。日本での制度化を考える場合、納税者番号が争点となりそうです。

前述の通り、モデル報告ルールによると、報告プラットフォーム運営者は、報告義務のある販売者に関する納税者番号を収集し、課税当局に提供することになります。納税者番号は、納税者を識別する重要な情報であり、モデル報告ルールの核となる情報の１つと考えられます。

我が国においては、個人の納税者番号は、マイナンバー（個人番号）となりますが、現行のマイナンバー法（行政手続における特定の個人を識別するための番号の利用等に関する法律）の下では、マイナンバーの取扱いに様々な制約があります。プラットフォーマーが個人ユーザーのマイナンバーを大量に収集・管理するような状況について、その実行可能性を含め議論となりそうです。

おわりに

本書では、税理士に向けてシェアリングエコノミーに関する基本的事項と税の諸論点について解説を行いました。シェアリングエコノミーは日々進化しており、新しいビジネスが生まれています。本書に記載した内容に限らず、新たな税務上の論点が浮上することも容易に想像され、引き続き税務の専門家の力が必要とされるのではないかと思います。一人でも多くの税理士に興味を持っていただき、シェアサービスの利用者やプラットフォーム事業者を税務実務の側面から支援するきっかけになれば幸いです。

最後に、本書を執筆するにあたって、多大なる協力をいただいた第一法規の編集者の皆様に感謝を申し上げます。

用語集

	用語	解説
B	BtoB	「Business to Business」の略。企業間の取引関係を指す。B2Bとも表記する。
	BtoC	「Business to Customer」あるいは「Business to Consumer」の略。企業から個人への取引関係を指す。B2Cとも表記する。
C	CtoB	「Consumer to Business」の略。個人が企業に対して商品やサービスを提供する取引形態を指す。C2Bとも表記する。
	CtoC	「Consumer to Consumer」の略。一般消費者（Consumer）間で行われる取引形態を指す。C2Cとも表記する。
F	FX	「Foreign Exchange」の略。証拠金を証券会社などに預託して、外国通貨の売買取引を行うこと。証拠金の何倍もの取引が可能で、売買代金の総額ではなく、差額の授受による差金決済が行われる。
I	ICT	「Information and Communication Technology」の略。情報や通信に関連する科学技術の総称。特に、電気、電子、磁気、電磁波などの物理現象や法則を応用した機械や器具を用いて情報を保存、加工、伝送する技術のこと。
P	Peer to Peer	不特定多数のコンピューターが、サーバーを介さずに直接データのやり取りをする方式やソフトウェアのことを指す。シェアリングエコノミーでは、ある個人と別の個人が自発的に繋がるという特徴があるため、ピア・ツー・ピアの取引と呼ばれている。

	用語	解説
Q	QRコード決済	QRコードによる電子決済のこと。スマートフォンなどでQRコードを提示して、店舗の端末で読み込む方式と、店舗側のQRコードをスマートフォンのカメラ機能で読み込む方式の2種類がある。
S	SNS	「social networking service」の略。個人間のコミュニケーションを促進し、社会的なネットワークの構築を支援する、インターネットを利用したサービスのこと。趣味、職業、居住地域などを同じくする個人同士のコミュニティーを容易に構築できる場を提供している。
あ	アフィリエイト	インターネット広告手法の1つ。Webサイトやブログ、メールマガジンといった媒体で広告主の商品やサービスに関連した情報を掲載することで、広告収入を得る。
	暗号資産	インターネット上で決済や送金の手段として利用できる特別の財産的価値のこと。令和元年5月に成立した「資金決済法（資金決済に関する法律）」と「金融商品取引法」の改正法（いずれも令和2年4月より施行）に基づき、「仮想通貨」から同名称へ改められた。
え	エスクロー決済	第三者が契約当事者の間に入り、代金決済と商品や物件の授受の確実な実行等の取引の安全性を確保する決済方法を指す。シェアリングエコノミービジネスでは、見ず知らずの人同士がプラットフォームを通じて取引を行うため、提供ユーザーにとって取引対価が確実に支払われるか懸念が生じるため、このような決済方法が採用されている。

	用語	解説
お	オンライン電子マネー	デジタルデータ化された貨幣を指す。ICカードに情報を書き込みクレジットカードのように利用する形態（ICカード型電子マネー）、インターネット上でデータとして流通する形態（ネットワーク型電子マネー）、及びプリペイドカード型電子マネーがある。
か	カーシェア	登録を行った会員間で特定の自動車を共同使用するサービスのこと。シェアリングエコノミーにおいて、移動のシェアに分類される。
	カスタマー・ロイヤルティ・プログラム	ブランドと繰り返し接点をもつ顧客に対して報酬を与えること。顧客維持戦略の１つで、企業が顧客に対して発行するポイントなどを指す。
き	ギグエコノミー	インターネットを通じて単発の仕事を受注する働き方や、それによって成り立つ経済形態を指す。ギグとは、小規模のライブやクラブなどでジャズ・ロックミュージシャンが一晩の単発契約で演奏する意味がある。
	寄附型クラウドファンディング	起案されたプロジェクトに対して支援者がお金を寄附する仕組みのクラウドファンディングを指す。商品やサービスなどのリターンは基本的に発生しない。
	キャリア決済	携帯電話やインターネット回線などの通信キャリアと契約している利用者が、通信料金と一緒にネットショッピングなどの代金を支払うことができるサービスのことを指す。

	用語	解説
く	クラウドソーシング	Crowd（群衆）とSourcing（業務委託）を組み合わせた造語。個人や企業がインターネット上で不特定多数の人に仕事を依頼・発注したり、アイディアを募集したりする業務委託の形態を指す。
	クラウドファンディング	Crowd（群衆）とfunding（資金調達）を組み合わせた造語。インターネット上で不特定多数の人に資金提供を呼びかけ、サービスや商品の趣旨・個人の想いに賛同した人から資金を集める方法を指す。
こ	購入型クラウドファンディング	起案者がクラウドファンディングを通じて資金調達をして事業が実現したとき、その成果である商品やサービスを支援者に提供する仕組みのクラウドファンディングを指す。商品やサービスを事前購入してもらう形での資金調達方法である。
さ	サイクルシェア	様々な場所に設置してあるサイクルポート（駐輪場）で自転車を借りることができるシェアサービスのこと。シェアリングエコノミーにおいて、移動のシェアに分類される。
し	シェアサービス	物品を多くの人と共有したり、個人間で貸し借りをしたりする際の仲介を行うサービスの総称。サービスの種類は、モノ・スペース・移動・スキル・お金の5つに分類される。
	シェアリングビジネス	インターネットを介して、余剰となっている資産（遊休資産）を必要としている人に有効活用してもらい、お金を受け取る新たなビジネス形態を指す。
す	スキルシェア	個人の保有するスキルを資産として捉え、売買するサービスのこと。対面（オフライン）でやり取りを行うものと、非対面（オンライン）でやり取りを行うものがある。

	用語	解説
す	スタートアップ企業	新しいビジネスモデルで急成長を目指す、市場開拓フェーズにあるベンチャー企業を指す。もともとはアメリカのシリコンバレーで生まれた言葉。
そ	ソーシャルレンディング	お金を必要とするプロジェクトや借り手が不特定の投資家に融資を募り、資金提供者（投資家）がお金を融通し、利子（分配金）等を得る仕組みのこと。融資型クラウドファンディングとも呼ばれる。
た	多拠点生活	生活拠点が複数ある、又は頻繁に拠点を移動させる生活スタイルを指す。多拠点生活を提供する代表的なプラットフォーマーとしてADDressがある。
て	デジタルコンテンツ	デジタル形式で構成されているコンテンツのこと。主に文章（テキスト）や動画、音楽、画像などをデジタルデータにしてWeb上に公開したものや、サービスを通して消費者に提供されているものを指す。
	デジタルマーケティング	検索エンジンやWebサイト、SNS、メール、モバイルアプリなど、あらゆるデジタルテクノロジーを活用したマーケティングを指す。
	デビットカード決済	キャッシュレス決済の1つ。クレジットカードの利用代金は翌月以降の支払日に引き落とされるが、デビットカードは、カードを利用すると即時に、引き落とし口座から利用代金が引き落とされる点で異なる。

	用語	解説
て	電子商取引	インターネット等の情報通信技術の発展・普及に伴って活発化したオークションサイトでの取引、アフィリエイト報酬に関する取引、暗号資産（仮想通貨）取引、シェアリングエコノミー取引の総称。一般に、広域的・国際的な取引が比較的容易で、足が速く、無店舗形態の取引やヒト・モノの移動を伴わない取引も存在するなど、外観上、取引の実態が分かりにくいという特徴がある。
	電子書籍	単行本や漫画、文庫本などを電子データ化し、それを電子機器のディスプレイ上で読めるようにした書籍のこと。
と	投資型クラウドファンディング	出資者がプロジェクト等に資金を提供し、成功時に利子・分配金等のリターンを得る仕組みや株投資の形態をとる仕組みのクラウドファンディングを指す。
	取引手数料	シェアサービスの取引完了後に、提供ユーザーへプラットフォーマーが支払う取引対価から差し引く手数料のこと。この手数料が、プラットフォーマーにとっての売上となる。手数料は、提供ユーザーのみが負担する場合や、提供ユーザーと購入ユーザーの双方が負担する場合など様々である。
	取引報酬	シェアサービスの提供完了後に提供ユーザーが得る売上のこと。これらはプラットフォーム上に一旦留保され、提供ユーザーの出金手続によって、もしくは一定時点経過後に一括してプラットフォーマーから提供ユーザーの銀行口座に着金する仕組みになっている。

	用語	解説
ね	ネット広告	インターネットに存在するWebサイトや検索エンジンを活用した広告のこと。Webサイト上に表示するディスプレイ広告やアフィリエイト広告、検索エンジンの検索結果に表示するリスティング広告など様々な手法がある。
	ネット通販	インターネットを通じて物やサービスを購入する通信販売のこと。ネットショッピングとも呼ばれ、ダイレクト・マーケティングの一種である。
	ネットトレード	インターネットを利用して株や商品先物、外国為替などの取引を行うことである。もしくは、そのようなサービスのこと。オンライントレードとも呼ばれる。
ふ	プラットフォーマー	インターネット上で利用者とサービス提供者を結び付ける基盤（プラットフォーム）となるサービスやシステムなどを提供・運営する事業者のこと。
	プラットフォーム	システムやサービスの土台や基盤となる環境のこと。プラットフォーマーが提供するオンラインプラットフォームの意味で用いられる。
	フリマ	「フリーマーケット」の略。自宅の押し入れに眠っている不用品などを、広場などに集めて交換、又は売買をする青空市や蚤の市のことを指す。インターネット上のアプリでも取引が行われ、代表的なサービスとしてメルカリがある。
ほ	ポイント	プラットフォーマーが、購入ユーザーに対して購入促進等を目的として、自社ポイントを付与するポイントのこと。ポイント利用による購入ユーザーが得る経済的利益は、プラットフォーマーが負担する取り決めになっている。

	用語	解説
ま	マーケットプレイス	モノを買いたい企業と売りたい企業が自由に参加できるインターネット上の取引市場のこと。電子商取引を実現するもので、「e-マーケットプレイス」とも呼ばれる。
	マッチング	シェアリングエコノミービジネスにおいて、需要と供給をもとに提供ユーザーと購入ユーザーがプラットフォーム上で取引成立すること。
み	民泊	住宅（戸建住宅やマンションなどの共同住宅等）の全部又は一部を活用して、旅行者等に宿泊サービスを提供することを指す。代表的なサービスとして、Airbnbがある。
ゆ	遊休資産	事業の用に供するために取得したものの、何らかの理由によって使用や稼働を休止させている資産のこと。稼働休止資産とも呼ばれる。
ら	ライドシェア	ライドシェアとはアプリ上で「ドライバー」と「同じ目的地に移動したい人」を繋ぐ、相乗りのこと。日本では、道路運送法により規制対象になっている。
れ	レーティング	インターネット上の様々なサービスにおいて、利用者が、サービス内容や満足度を5段階などの点数で評価し、評価結果の蓄積データを購入検討時の参考にすること。
	レビュー	サービス内容に関するコメントのこと。レーティングと同様にインターネット上の取引の信頼性向上に利用できる。

関係法令

シェア サービス類型	代表的なサービス	関係法令
モノ	フリマ、ブランドレンタル	古物営業法
		チケット不正転売禁止法
スキル	家事代行、育児、介護、料理宅配、知識	特定商取引法
		景品表示法
		資金決済法
		食品衛生法
		弁護士法
		税理士法
		不動産鑑定法
移動	カーシェア、サイクルシェア	道路運送法
		道路運送車両法
		自動車損害賠償保障法
		貨物自動車運送事業法
		旅客自動車運送事業運輸規則
スペース	民泊、貸会議室、駐車場、農地	旅館業法
		旅行業法
		住宅宿泊事業法
		建築基準法
		都市計画法
		消防法
		農地法

お金	クラウドファンディング	特定商取引法
		景品表示法
		資金決済法
		消費者契約法
		金融商品取引法
		貸金業法
		出資法
		不動産特定共同事業法

※上記はあくまで一例です。業法規制については、産業競争力強化法などにおいて新たなルール整備が進められています。

※関係法令は、略称を記載しています。

著者紹介

矢冨 健太朗（やどみ けんたろう）

公認会計士・税理士。KPMG/有限責任あずさ監査法人にて監査業務、企業買収・再生支援業務、海外業務などを経験。その後、公認会計士・税理士事務所を開設。

現在はシェアリングエコノミー企業などへ関与するとともに、一般社団法人シェアリングエコノミー協会税制委員として活動している。税制委員としては、官公庁・シンクタンクなどとのシェアリングエコノミーに関わる税制の政策討議や政策提言、協会会員（事業者・個人）のサポートなどを行っている。

サービス・インフォメーション

通話無料

①商品に関するご照会・お申込みのご依頼
TEL 0120(203)694／FAX 0120(302)640

②ご住所・ご名義等各種変更のご連絡
TEL 0120(203)696／FAX 0120(202)974

③請求・お支払いに関するご照会・ご要望
TEL 0120(203)695／FAX 0120(202)973

●フリーダイヤル(TEL)の受付時間は、土・日・祝日を除く
9:00〜17:30です。

●FAXは24時間受け付けておりますので、あわせてご利用ください。

図と実例でわかる！税理士が知っておきたい
シェアリングエコノミーの基本と税務
―フリマ、スキルシェア、カーシェア、民泊―

2022年5月10日　初版発行

著　者　矢　冨　健太朗

発行者　田　中　英　弥

発行所　第一法規株式会社
〒107-8560　東京都港区南青山2-11-17
ホームページ　https://www.daiichihoki.co.jp/

装　丁　篠　　隆　二

シェアエコ税務　ISBN 978-4-474-07693-8　C2034（5）